性の問題行動をもつ子どものためのワークブック

発達障害・知的障害のある
児童・青年の理解と支援

宮口幸治
川上ちひろ
著

明石書店

まえがき

なぜこのワークブックなのか？

　発達障害や知的障害をもち、性の問題行動のある子どもたち・少年たちに対してどのような支援を行えばよいか？　これは大きな課題です。筆者が勤務してきた少年矯正施設においても、発達障害や知的障害があり性加害行為を行った少年たちが大勢いて、幼児を含めた多くの被害者を出していたのです。"彼らに対してどう対応すべきか"はとても困難な問題でした。これは矯正施設に限らず学校教育現場や児童福祉施設等でも問題となっていると思われます。

　現在、欧米の治療家による認知行動療法に基づいたいくつかの素晴らしい性加害再犯防止プログラムがあり、それらは日本語に翻訳され、国内の矯正施設や福祉施設等でも使用され効果をあげているようです。しかし、当初それらを参考にして性加害再犯防止のための取り組みを試行してきて痛切に感じたことは、欧米との思考様式や文化の違いもさることながら、発達障害や知的障害をもった少年たちに対しては内容がとても難解であり般化も難しいということでした。

　"わかりやすく伝えても首をかしげている"、"わかったと答えても全く異なる理解をしている"、"被害者の手記を読ませてもその内容が全く理解できない"といった少年たちを前に「これではいけない」と思い悩む日々でした。やはり既存のものを利用するだけではなく、目の前にいる彼らの発達特性に即したものが必要だという思いが強くなってきました。

どのようなワークブックなのか？

　一方で、発達上の問題をもち性の問題行動がある子どもたち・少年たちと関わるうちに、彼らは加害者であると同時に、かなりの割合でかつて凄惨なイジメに遭ってきた被害者だったということもわかってきました。長年にわたるイジメによって想像し難いストレス・怒りをため、そのストレス発散方法の一つが幼児などへの強制わいせつといった性の問題行動だったのです。その他にも生育環境が劣悪であったり、発達上の問題から生じるさまざまな挫折や性に対する独特の思考・行動パターン、そして特有の神経心理学的特徴

もみられたりしました。このような背景から、彼らに適したプログラムとは性の問題行動を主に扱うものではなく、彼らのこれまでの人生を振り返って意味づけをさせ、さまざまな気づきが得られるような内容であると同時に、彼らの発達特性を考慮した"少しでもわかりやすく"、"やる気が出るように"、"よりよく生きられる"ことを目標にした内容である必要もありました。

そうして何十クールとさまざまな内容を試していくうちに、少年たちから"先生、今週はあるのですか？　とても楽しみです"、"また次の回も僕を入れてください"、"ここを出るまでずっと講座に出させてください"と言われるようになりました。これは私にとって大きな驚きでした。彼らはきっと毎回、嫌々出てきているのだ、と思っていたからです。確かに、少年たちがイキイキと楽しそうに取り組んだ課題、真剣に議論して取り組んだ課題、少年たちの感想から手ごたえを感じとれた課題がありました。彼らも、いい人間に変わりたい、人から好かれたい、人の役に立ちたい、親に愛されたい、といった気持ちを強くもっていました。そのためにできる課題なら、やる気を出して真剣に取り組むのです。

そこで、それらの課題を核に"心に届くワークブックを"という思いで、およそ5年の歳月をかけ試行錯誤を繰り返しながら、共著者であり発達障害児の性教育にも詳しい川上ちひろ先生とともに独自にプログラムを作成してきました。そして矯正施設に限らず学校教育現場や児童福祉施設でも大勢いるであろう同様の問題を抱えた子どもたち・少年たちに対しても幅広く使えるように作り直し、イラストと解説をつけ、まとめたのがこのワークブックです。

本書の構成は？

本書は、コピーして子どもたちに渡すワークシート集、ワークシートの使用方法、ワークシートの記入例の順に構成されています。また附録として、性の問題行動を止める最新の脳科学的アプローチについても紹介しています。ワークシートの内容は大きく前半・後半の2つに分けられ、前半の第1〜5章では、性の問題行動については直接扱わず、自己理解や性教育、異性へのマナーを学ぶといった内容とし、後半の第6〜9章では、被害者の気持ちや本人の性の問題行動について扱う構成となっています。そのため性の問題行動がない子どもたち・少年たちにも、第1〜5章を自己理解や性教育の資料として使用することが可能です。

また本書はもともと発達障害や知的障害をもつ10代前半〜半ばの子どもたちを対象に作成されていますが、ワークシートによっては小学校高学年の子どもたちや10代後半の少年たちでも十分に活用できる内容となっています。さらに学校や施設の先生方が指導者となって複数の子どもたちとともにグループで使用したり、または指導者と子どもの1対1で使用することも可能です。

本書を順に使用することで、性の問題行動を止める方法だけでなく、適切な自己理解、感情コントロール、性の正しい知識、異性へのマナー、相手の理解、性への考え方、性に関する法的なルールなどを学ぶことができます。

さいごに

　現在、社会的に地位のある人やいわゆる堅い職種についている大人が「どうしてそんなことを？」と思われるような性犯罪を行ったニュースをよく耳にします。また性犯罪で服役していた元受刑者が出所してすぐに性犯罪を繰り返すという事件も散見されます。私的には、性犯罪は依存症の一つだと感じています。地位や立場などに関係なく一度やると止められない覚醒剤にも似ています。学校教育現場や児童福祉施設でも子どもたちの性の問題行動で困っているという話をよく聞きます。ですので、薬物教育のように性犯罪に対しても、「ダメ。ゼッタイ」という性への教育を小学生のうちから始めるべきだと考えます。ただ現場の先生方にとっては、内容的にどう扱っていいのかわからない場合も多いと思います。そのような場合に本書を性の問題行動をもつ子どもはもちろん、それ以外の子どもたちに対しても、性の教育テキストとして参考にして頂ければ幸いです。

　私たちの願いは、子どもたちが将来、性加害者・性被害者にならないことです。そのために本書が少しでも役立てることを願っています。最後に、本書の企画に快く賛同して頂きました明石書店の森本直樹社長と、原稿を丁寧に吟味頂き出版まで多大なご助力を頂きました吉澤あき様に心より感謝申し上げます。

　2015 年 3 月

　　　　　　　　　　　　　　　　　　　　　　　　　著者を代表して　　宮口　幸治

性の問題行動をもつ子どものためのワークブック　◆　もくじ

まえがき　3

はじめに 10
　①ワークを始める前に　10　　　②ワークブックの構成とワークシートの使い方　12

ワークシート

1 ルールと目標を決めよう
　①グループのルールを決めよう 16
　②個別目標を決めよう 17

2 自分を知ろう
　①「人生山あり谷ありマップ」を作ろう ... 18
　②自分ってどんな人？ 20
　③感情をコントロールしよう 22

3 身体を知ろう
　①男性・女性の身体の違い 24
　②プライベートパーツ 26

4 生命の誕生について学ぼう
　①生命の誕生 28
　②親の気持ち 30

5 すてきな男性・すてきな女性になろう
　①二次性徴とは？ 32
　②すてきとは？ 34
　③異性へのマナー（1） 36
　④異性へのマナー（2） 38

6 相手の気持ちを考えよう
　①友だちと遊んでいて 40
　②女性と関わりたい場面で 42
　③性の問題行動の場面で 44

7 あなたの性への考え方は？ 46

8 なぜ性の問題行動を起こしたのかを考えよう 48

9 性の問題行動を止めよう
　①対処法と性のルール 50
　②あなたができる方法 52

10 新しい自分になろう 54

附録 脳を鍛えよう 56

ワークシートの使い方

1	ルールと目標を決めよう	①グループのルールを決めよう ……… 60
		②個別目標を決めよう ……………… 61

2	自分を知ろう	①「人生山あり谷ありマップ」を作ろう … 63
		②自分ってどんな人？ ……………… 64
		③感情をコントロールしよう ……… 66

3	身体を知ろう	①男性・女性の身体の違い ………… 68
		②プライベートパーツ ……………… 70

4	生命の誕生について学ぼう	①生命の誕生 …………………………… 73
		②親の気持ち …………………………… 74

5	すてきな男性・すてきな女性になろう	①二次性徴とは？ ……………………… 77
		②すてきとは？ ………………………… 78
		③異性へのマナー（1）……………… 80
		④異性へのマナー（2）……………… 84

6	相手の気持ちを考えよう	①友だちと遊んでいて ……………… 87
		②女性と関わりたい場面で ………… 88
		③性の問題行動の場面で …………… 89

7	あなたの性への考え方は？ ……………………………………………… 91

8	なぜ性の問題行動を起こしたのかを考えよう …………………………… 94

9	性の問題行動を止めよう	①対処法と性のルール ……………… 96
		②あなたができる方法 ……………… 98

10	新しい自分になろう ……………………………………………………… 100

附録	脳を鍛えよう ……………………………………………………………… 103

参考文献　　105

ワークシート［記入例］

1 ルールと目標を決めよう
- ①グループのルールを決めよう …… 108
- ②個別目標を決めよう …… 109

2 自分を知ろう
- ①「人生山あり谷ありマップ」を作ろう …… 110
- ②自分ってどんな人？ …… 112
- ③感情をコントロールしよう …… 114

3 身体を知ろう
- ①男性・女性の身体の違い …… 116
- ②プライベートパーツ …… 118

4 生命の誕生について学ぼう
- ①生命の誕生 …… 120
- ②親の気持ち …… 122

5 すてきな男性・すてきな女性になろう
- ①二次性徴とは？ …… 124
- ②すてきとは？ …… 126
- ③異性へのマナー（1） …… 128
- ④異性へのマナー（2） …… 130

6 相手の気持ちを考えよう
- ①友だちと遊んでいて …… 132
- ②女性と関わりたい場面で …… 134
- ③性の問題行動の場面で …… 136

7 あなたの性への考え方は？ …… 138

8 なぜ性の問題行動を起こしたのかを考えよう …… 140

9 性の問題行動を止めよう
- ①対処法と性のルール …… 142
- ②あなたができる方法 …… 144

10 新しい自分になろう …… 146

附録 脳を鍛えよう …… 148

はじめに

① ワークを始める前に

　このワークブックは、性の問題行動を起こした子どもたちが二度と同じ問題を起こさないために役立つスキルを学べるように作られています。ワークはグループで行うように作られていますが、個別でも使用可能です。

■ グループの枠について

- グループへの参加人数は3〜8名くらいがいいでしょう。
- ワークは参加者の数により10〜13回程度で終わるように設定されていますが、一部のワーク（**8**、**9**）を除き、途中参加も可能です。ただし途中参加の場合は、個別に参加ルール（**1** ①グループのルールを決めよう）を確認しておきましょう。
- ワーク実施の前には、個別面接で自分の行った性の問題行動が不適切な行為であったと受け入れておいてもらうことが必要です。性の問題行動を全面的に否認している子どもや、性の問題行動を行っていない子どもは、基本的にはグループに参加させない方がよいでしょう。ただ、今は性の問題行動はないが今後の行動が心配な子どもや、性の問題行動への否認自体を何とかしたい子どもでも、一部のワーク（**8**、**9**）を除けば参加することは可能です。その際、それ以外の参加者（性の問題行動を行った子どもたち）への配慮（性の問題行動を行った子どもたちであることを伏せておくなど）が必要です。
- 支援者は参加者と協働して性の問題行動に取り組む姿勢が必要です。しかし一方で支援者は、あくまで性の問題行動は決して許さ

れるものではないという立場をとるべきであり、どのような場合であれ、被害者に落ち度を見つけ出すような参加者との馴れ合いが生じないよう注意する必要もあります。このためプログラムの見通し、スケジュールを参加者にあらかじめ伝えておいた方がよいでしょう。
- ワークの指導は支援者と補助者の2人で行うことが望ましいでしょう。支援者はワークの司会進行や参加者への助言・評価など全体を見ながらワークを進めます。補助者には、参加者の意見を板書する、資料を配布する、ロールプレイの相手役をする、理解の乏しい参加者をサポートする、必要に応じてコメントする、などの役割があります。そして2人はできる限り、男性と女性の組み合わせがよいでしょう。

ワークを進める上での注意点

- 参加者がグループの中で自らを無理に抑制することなく、あるルールのもとで自由に発言できる環境作りが大切です。ですので、以下に示すように、参加者が安心できる場・雰囲気を作ることを考慮しましょう。
- ワークは参加者を責めたり罰したりする場ではありませんので、本人がどうしても嫌なことは無理強いしない方がいいでしょう。参加者の発言は傾聴し、発言の内容を否定したり、発言を強制することは避けましょう。一部（性の知識など）を除き、支援者は参加者に教えるのではなく、他の参加者の発言などから参加者自身に気づきを与えることを目指しましょう。
- 支援者自身の性への考え方や体験によって、参加者に対して怒り・拒否感などを感じることもあります。例えば何の罪もない幼児が酷い目に遭わされたとなると、支援者の内心は穏やかではないでしょう。参加者を敵視してしまうこともあります。しかしそれらが支援者の言動に出てしまう場合、参加者はワークに消極的になる可能性があります。多くの場合、参加者は自主的に参加をしていませんのでグループへの動機づけは弱く、支援者が強制的・威圧的・攻撃的な態度を示せば、参加者はいっそう意欲を低下させる可能性があるためです。
- 参加者がより幸せに生きていくためにはどうすればいいのか、参

加者の内なる力にも目を向け一緒に考えて、そこを伸ばしていく方向で支援していきましょう。
● グループにうまくなじめない参加者（不適切な言動が多いなど）ほど、実はグループの中で支援を行う必要があります。ただ他の参加者を疲弊させる場合やグループを妨害する行為がみられる場合、個別面接を頻回に行い、再度ルールの確認や動機づけを行いましょう。

■ 発達障害や知的障害をもった少年への配慮

● 参加者に性の問題行動に対して罪の意識を感じさせたり、自責の念を持たせることも確かに大切ですが、そこばかり強調すると、参加者に防衛が働いて否認などが生じてしまう可能性もあります。特に発達障害や知的障害をもった子どもたちは、罪の意識といった道徳感・倫理観の発達が遅いことがありますので、やり方次第では支援者に対して脅威を抱き、ますます萎縮したり、心を閉ざしたりする可能性があります。
● 発達障害や知的障害をもった子どもたちの中にはイジメ被害や不適切養育に遭っているケースも多々あり、性の問題行動が、女性への興味・関心、性欲の高まりといったこと以外にも、対人関係の失敗や対人不信に起因していることが多いかもしれません。ですので、グループ内でトラブルを起こして対人関係の悪化を招くことは避けるべきです。そのような兆候がみられたら早めに個別介入を行いましょう。また参加者は支援者を対人関係におけるモデルとすることもありますので、支援者の不用意な言動・心ない言動が参加者への悪い手本にならないよう注意しましょう。

② ワークブックの構成とワークシートの使い方

本ワークブックは、
1) コピーして参加者に渡し、書き込みながら使用する「ワークシート」（16～57ページ）
2) ワークシートの使い方やワークの進め方、留意点について解説した「ワークシートの使い方」（60～105ページ）
3) 実際の例をワークシートに記入した「ワークシート［記入

例］」（108 〜 149 ページ）

の 3 部から構成されます。ワークを始めるにあたっては、最初に「ワークシート［記入例］」を参照しながら「ワークシートの使い方」をお読みください。

ワークシートは大きく、ルールと目標の設定（**1**）、自分を知る（**2**）、性教育と異性へのマナー（**3** 〜 **4**）、理想の自分（**5**）、被害者の気持ち（**6**）、性の問題行動の理解と今後の対処法（**7** 〜 **10**）の 10 章から成ります。

基本的には、各章とも 1 回 90 分程度で 1 〜 4 回で終了するよう作成してありますが、章によってはロールプレイをしたり、じっくり時間をかけて話し合ったり、参加者が順番に発表したりするため、参加者の人数が多ければ相当の時間が必要となる場合があります。それぞれ 1 〜 2 回分は余分に回数をとっておいた方がいいでしょう。また「**3．自分を知ろう** ③感情をコントロールしよう」「**附録．脳を鍛えよう**」については毎回ワークの最初に行うことをお勧めします。

ワークシート

1 ルールと目標を決めよう

① グループのルールを決めよう

このワークブックをグループで行うにあたって必要だと思われるルールについて、参加者みんなで話し合って考えましょう。決まれば下に書いて、日付を書きサインをしましょう。

> このルールがないと安心できない、とかありませんか？

グループのルール

1

2

3

4

5

私は、以上のルールを守ることを誓います。

　　　年　　月　　日　なまえ（　　　　　　　）

目標 このワークを始めるにあたってグループのルールや個別の目標を決める。

💡 **ここでやること** このワークブックをグループで始める場合には、まず最初にみんなでルールを決めましょう。ルールはみなさんが安心してワークを進めるために必要なものです。グループのみんなで話し合って、必要なルールをあげ、守れるかどうか考えます。ルールが決まれば、次は個別の目標を考えます。

② 個別目標を決めよう

このワークブックに取り組むにあたって、あなたの目標を決めましょう。このワークに参加して学びたいこと、できるようになりたいことを書いてみましょう。

＜吹き出し＞感情をうまくコントロールしたいなど、性的なこと以外でもいいです。

私の目標

1

2

3

年　　月　　日　なまえ（　　　　　　）

2　自分を知ろう ①

「人生山あり谷ありマップ」を作ろう

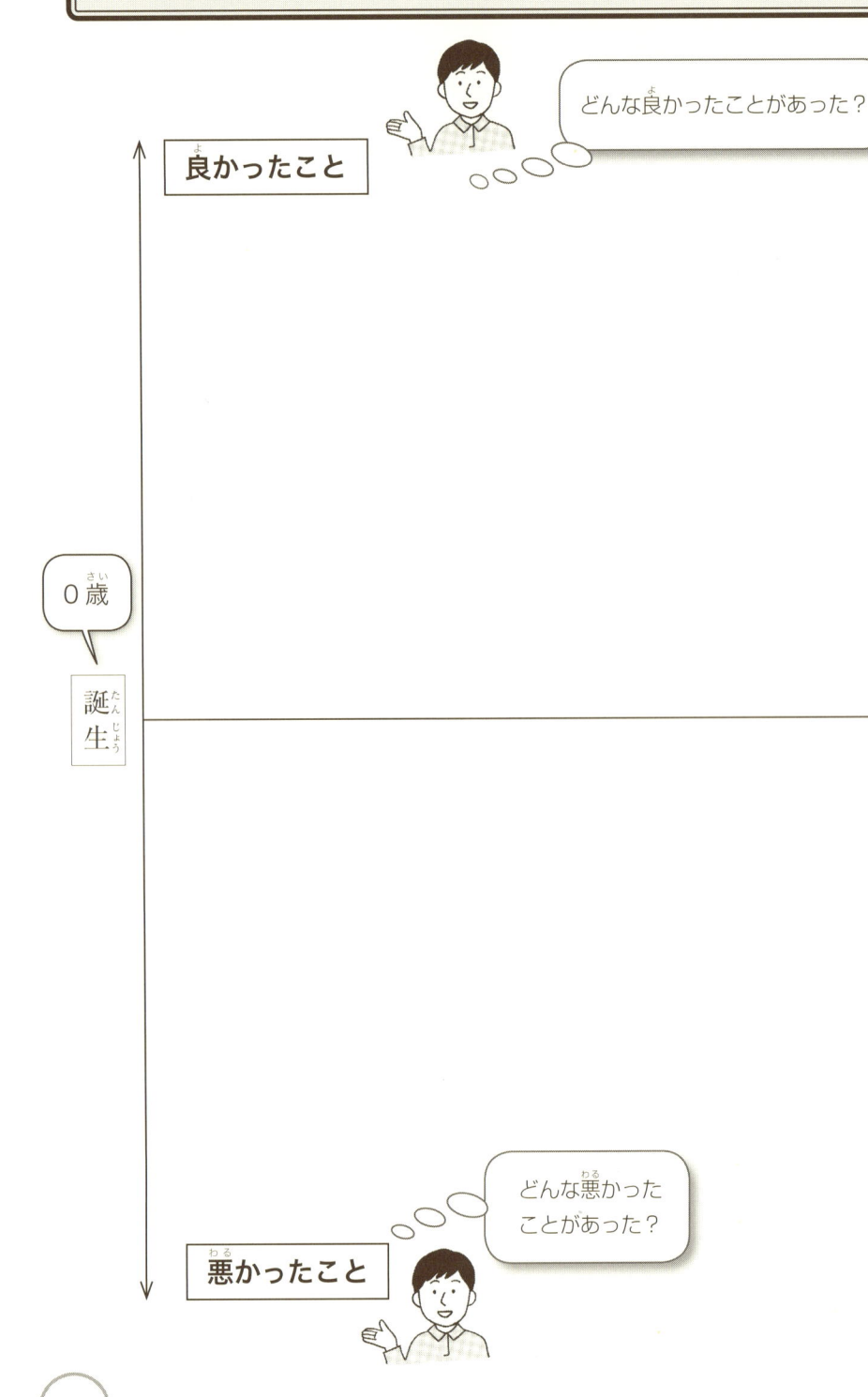

どんな良かったことがあった？

良かったこと

0歳
誕生

どんな悪かったことがあった？

悪かったこと

目標 これまでの人生をふりかえり、どのようなことがあったかを整理する。

ここでやること これまでの自分の人生をふりかえって、「人生山あり谷ありマップ」を作りましょう。横軸は時間です。左の原点が誕生、右端が現在です。時間間隔は自由にとってください。縦軸は上方向に"良かったこと"、下方向に"悪かったこと"を表します。"良かったこと"は山、"悪かったこと"は谷として描いて、山と谷の部分にはいつ、何があったかを書きましょう。

2 自分を知ろう

現在　　歳

時間軸

あなたにとって大切なことを書きましょう。

2　自分を知ろう②

自分ってどんな人？

下に自画像を描いてみましょう。

年　月　日　　なまえ（　　　　　　　　）

目標 自分はどんな人間なのかを知る。

ここでやること

あなたは自分はどんな人間だと思いますか？ どんな人になりたいですか？ ここではそれを考えましょう。

まず左下に自画像を描いて、右の質問にそって自分の良いところや悪いところを考えましょう。

> 下の質問に答えてみよう！
> 思い浮かばなかったり、わからないときは、"ない"、または"わからない"と書いてもいいよ。

次の質問を考えてみましょう。

自分の好きなところはどこ？

自分の良いところはどこ？

自分の嫌いなところはどこ？

自分の悪いところはどこ？

自分ってどんな人だと思う？

友だちからどう思われていると思う？

先生からどう思われていると思う？

親からどう思われていると思う？

昔はどんな人だった？

どんな人になりたい？

どんな人にはなりたくない？

2 自分を知ろう

21

2 自分(じぶん)を知(し)ろう ③

感情(かんじょう)をコントロールしよう

ここでやること

日常生活(にちじょうせいかつ)の中(なか)で怒(いか)りがトラブルの原因(げんいん)となっていることがあります。怒(いか)りがたまるとストレスもたまります。たまったストレスを発散(はっさん)するために人(ひと)はいろんな方法(ほうほう)を使(つか)います。その方法(ほうほう)を間違(まちが)えれば犯罪(はんざい)にもなるのです。

ここで右(みぎ)の「違(ちが)った考(かんが)えをしようシート」を使(つか)って、怒(いか)りなどの嫌(いや)な気持(きも)ちを減(へ)らす練習(れんしゅう)をしましょう。日頃感(ひごろかん)じた嫌(いや)な"気持(きも)ち"を記入例(きにゅうれい)のように、右(みぎ)のシートにそって書(か)き込(こ)んでいきましょう。気持(きも)ちは"怒(いか)り"、"悲(かな)しい"、"さびしい"などマイナスの感情(かんじょう)を扱(あつか)います。

〈記入例(きにゅうれい)〉

6月13日	場所(ばしょ)・場面(ばめん)(学校(がっこう)の廊下(ろうか))
何(なに)があった？	A君(くん)とすれ違(ちが)ったとき、A君(くん)は僕(ぼく)の顔(かお)を見(み)てニヤニヤして行(い)ってしまった
あなたはどうした？　どう思(おも)った？	にらみ返(かえ)した、僕(ぼく)のことをバカにしているにちがいない
どんな気持(きも)ち？　どれくらいの強(つよ)さ？	気持(きも)ち：　怒(いか)り　　70 %(パーセント)

	違(ちが)った考(かんが)え	気持(きも)ち	%(パーセント)	感想(かんそう)
考(かんが)え方(かた)①	いつか仕返(しかえ)ししてやろう	怒(いか)り	75	もっと腹(はら)が立(た)ってきた
考(かんが)え方(かた)②	そんなことで怒(おこ)っても仕方(しかた)ない。我慢(がまん)しよう。無視(むし)しよう	怒(いか)り	40	でも思(おも)い出(だ)して腹(はら)が立(た)つ
考(かんが)え方(かた)③	ひょっとして僕(ぼく)のことを笑(わら)ったんじゃなくて、思(おも)い出(だ)し笑(わら)いをしただけかもしれない	怒(いか)り	10	そういえば僕(ぼく)だって思(おも)い出(だ)し笑(わら)いをして一人(ひとり)でニヤニヤすることがあるな

目標 「違った考えをしようシート」を使って「嫌な気持ち」を減らす方法を学ぶ。

2 自分を知ろう

実際に書いてみよう！

違った考えをしようシート

月　　日　　場所・場面（　　　　　　　　　　）

何があった？

あなたはどうした？　どう思った？

どんな気持ち？　どれくらいの強さ？

気持ち：　　　　　　（　　％）

	違った考え	気持ち ％	感　想
考え方①			
考え方②			
考え方③			

23

3 身体を知ろう ①

男性・女性の身体の違い

男性に特徴的なところ

（　）の中をうめましょう。

〈見える部分〉

男性の外性器（ペニス）
⇒働きを2つあげましょう。
（　　　　　　　　　）
（　　　　　　　　　）

◆特徴
- 筋肉がつき骨格もしっかりして、体つきががっちりしています。
- 手足やあご、（　　　）に毛が生え、個人差はありますが、濃くなる人もいます。
- 女性に比べ力が（　　　）、重いものを持つことができます。
- ペニスは（　　　　　　）によって勃起します。

〈見えない部分〉

内性器（精巣）
⇒（　　　　）を作ります。

◆特徴
- （　　　　　）のもととなる精子を作ります。
- （　　　）期になるとペニスの勃起や精子の排出がおこります。

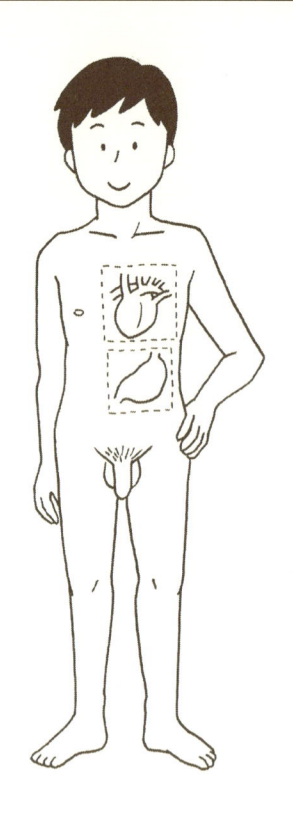

男女に共通する身体

身体の部分にはすべてに名前がついており、それぞれの働きがあります。下の（　）にその働きを書きましょう。

〈見える部分〉

例：目 ⇒（　ものを見る　）
手（腕）⇒（　　　　　　）

〈見えない部分〉

心臓 ⇒（　　　　　　）
胃　⇒（　　　　　　）

何があるかな？

目標 身体の名前と働きについて学ぶ。男性と女性に特徴的な身体の部位を理解する。

ここでやること

男女の身体の働きや特徴について学びましょう。最初に男女に共通する身体の部分、次に男女の身体の違いについて学びます。
まず、下の（　）に当てはまる言葉を、自分で考えてうめてみましょう。

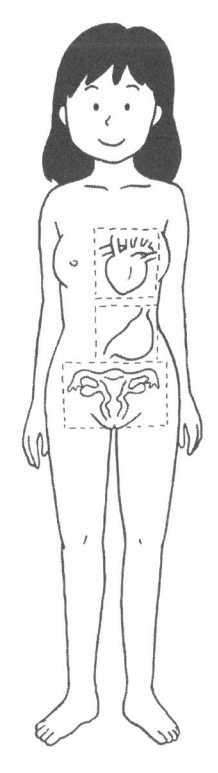

3 身体を知ろう

女性に特徴的なところ

（　）の中をうめましょう。

〈見える部分〉

胸
⇒赤ちゃんに（　　　　　　）をあげる

女性の外性器（外陰部、ちつ）
⇒（　　　　　）が出る

◆ **特徴**
- 体つきは男性と比較して丸みをおびています。
- 毛は陰部には生えていますが、それ以外はそれほど濃くなりません。

〈見えない部分〉

内性器（子宮）
⇒働きを3つ挙げましょう。
（　　　　　　　　　　）
（　　　　　　　　　　）
（　　　　　　　　　　）

◆ **特徴**
- 妊娠することができます。
- 子宮で約（　）か月間赤ちゃんを育てたのち、産む（出産する）ことができます。
- 妊娠・出産の準備として、思春期になると（　　　　　　　）がおこります。

考えてみよう

自分が知っている身体の名前とその働きを下の欄に書いてみましょう。

名前	働き

わかるところから書こう

3　身体を知ろう ②

プライベートパーツ

まず最初に、「プライベート」と「パブリック」について整理しておきましょう。プライベートとパブリックとは、次のようなことです。

プライベートなこと	パブリックなこと
• 個人的な、個人のもの、というとらえ方をします。 • 他の人に見せたり知らせたりしなくてもよいものです。 • むやみに他人のものを知ろうとすることはよくありません。	• 社会の、一般的な、というとらえ方をします。 • 周囲の人や社会の人たちと共有してもよいものです。 • お互いに知ってもよいことや知らせてもよいものです。

本当に知られたくない自分だけの情報　　特定の人（家族や親しい人）には知られてもよい情報　　日常で関係のある人には知られてもよい情報　　誰に知られてもよい情報

たとえば、自分の身体の部分のうち、プライベートな情報（プライベートパーツ）は、（　　　　　）で覆われるところです。

（　　）は何だと思いますか？　ヒントは下の絵です。

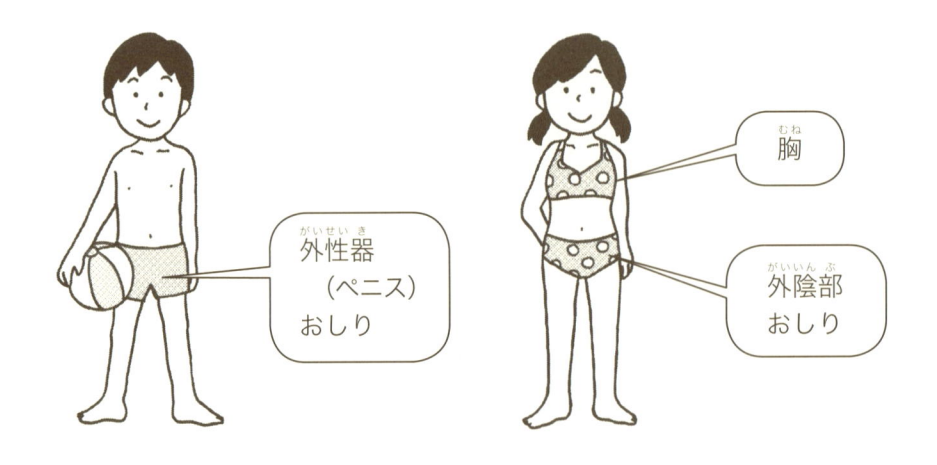

外性器（ペニス）
おしり

胸
外陰部
おしり

| 目標 | 身体のプライベートパーツとは何かを学ぶ。 |

ここでやること

人の身体にはプライベートパーツという場所があります。それはどこのことでしょうか？　またどのような注意が必要でしょうか？　これらについて学びましょう。その前にプライベートとパブリックの違いについて知っておきましょう。

プライベートパーツが理解できたら、次を考えてみましょう。

> あなたなら、どんなことが知られたくない？

考えてみよう 1

左下の絵に示したプライベートパーツは最小限の部分です。人によっては見られたくない部分が広い人もいます。たとえばどのような場合でしょうか？　考えて書いてみましょう。

考えてみよう 2

プライベートパーツであなたが人に対して気をつけることは何だと思いますか？　考えて書いてみましょう。

チェック！

「3. 身体を知ろう ①男性・女性の身体の違い／②プライベートパーツ」でわかったことをチェックしてみましょう。もしわからない項目があれば再度、確認してみましょう。

- □ 身体の名前・働きがわかった
- □ 男性・女性の身体の違いがわかった
- □ 身体のプライベートパーツがわかった
- □ プライベートパーツへの注意がわかった

ひとこと感想を書いてみましょう。
(　　　　　　　　　　　　　　　　　　　　　　　　　　　)

3　身体を知ろう

4　生命の誕生について学ぼう ①

生命の誕生

ここでやること
生命（赤ちゃん）はどうやって生まれるのでしょうか？ 生命が生まれることの尊さ、生命の大切さ、内性器と外性器はそんな生命を作るための大事な身体の部分であることを学びましょう。
生命が生まれて歳をとっていく流れは、下の①から⑩の通りです。（ ）に当てはまる言葉をうめながら、生命のでき方・育ち方について学んでいきましょう。

① ある男性と女性が、お付き合いを始めました。

（　　　　）　（　　　　）

上の２つを何と言うでしょうか？
（ ）に言葉を入れてみよう。

② 月日が経ち、仲が良くなってくると距離も近づきます。さらに親密になると、身体的な接触（性交）に及ぶこともあります。

性交により卵子と精子が
（　　　　）します。
（ ）に入る言葉は何でしょうか？

③
これを何と言いますか？
（　　　　）

受精すると受精卵は着床し、どんどん細胞分裂を繰り返して、胎児へと変化していきます。

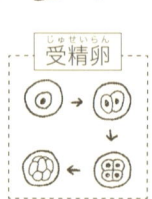

受精卵

④ 見た目にもお腹が大きくなります。

妊婦さん

胎児はお母さんのお腹の中で
（　　　　）か月間過ごします。
（ ）はどのくらいの期間でしょうか？

胎児 ──→ 出産

目標 どのように生命が誕生し、生まれてから大人になるまでどのように成長するかを学ぶ。

あなたの現在は？
（　　　）歳
身長（　　　）cm
体重（　　　）kg

4 生命の誕生について学ぼう

⑤ 新生児（誕生〜1歳まで）

生まれたときはおよそ（　　　）g、（　　　）cm。母乳を飲んで成長します。3〜4か月で首が座り、5か月頃に寝返りができるようになります。7か月頃から離乳食を開始します。
（　）に入る数字はどのくらいでしょうか？

⑥ 乳児／幼児（〜小学校入学）

5歳になると、19kg、110cmくらいになります。身体が成長し、走ったり、たくさんの言葉を覚えたり、いろんな人と関わることができるようになります。

⑦ 学童期（小学校入学〜卒業）

11歳になると、（　　　）cm、（　　　）kgくらいになります。
勉強や運動をして精神的にも身体的にも成長します。大人になるための基礎的な力をつける時期です。
（　）に入る数字はどのくらいでしょうか？

⑧ 青年期（中学〜大人）

友人や仲間との交流が増え、身体的にも充実してきます。将来について考えたり、特定の異性について悩んだりすることもあります。

⑨ 成人期（大人）

仕事を始めたり、新しい家庭を作ったりする時期です。責任のある仕事をしたり、家族を養ったり、子育てをしたりします。

⑩ 高齢期（65歳〜）

仕事を退職し、自分の時間を多くもてる時期です。ただし身体的な面でおとろえがみられたり、病気になりやすいなど、気をつけないといけないこともあります。

4　生命の誕生について学ぼう②

親の気持ち

考えてみよう 1

妊婦さんが、日常生活で大変だな……と感じることは、どんなことだと思いますか？

妊婦さん

やってみよう　ワーク：妊婦体験をしてみましょう

下のようなリュックサックを担ぎ、日常生活の動作をしてみましょう。

〈日常動作の例〉
- 靴下をはく
- 床に座って立ち上がる
- 物をひろう
- 階段を昇る、など

水の入った2リットルのペットボトル5本と、リュックサックを準備します。そしてリュックサックの中にペットボトルを入れ、前から担いでみます。

考えてみよう 2

親は、これから産まれてくる子どもに対してどんな気持ちでしょうか？　想像して書いてみましょう。

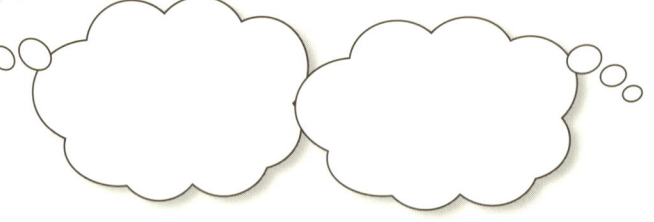

お父さん　　　お母さん

目標 親の気持ちが理解できるようになる。

ここでやること
親は産まれてくる子どもに、どんな気持ちをもっているかを学びます。下の **考えてみよう** を読んで問いに答えましょう。また、妊婦さん体験もしてみましょう。

どんな子になってほしい？

考えてみよう ③

親は子どもに、どんな子になってほしいと思うでしょうか？

考えてみよう ④

もしあなたが親だったら、自分の子どもが将来、他人から悪いこと（暴力・性犯罪）をされたら、どんな気持ちになると思いますか？

- 暴力被害に遭う　　　　　　　　　・性被害に遭う

[　　　　　　　　　]　　　　　　[　　　　　　　　　]

考えてみよう ⑤

もしあなたが親だったら、自分の子どもが将来、他人に対して悪いこと（暴力・性犯罪）をしたら、どんな気持ちになると思いますか？

- 暴力をする　　　　　　　　　　・性犯罪をする

[　　　　　　　　　]　　　　　　[　　　　　　　　　]

チェック！

「4．生命の誕生について学ぼう ①生命の誕生／②親の気持ち」でわかったことをチェックしてみましょう。もしわからない項目があれば再度、確認してみましょう。

☐ 赤ちゃんが産まれるまでの成長の様子がわかった
☐ 産まれてから高齢者になるまでの人間の一生がわかった
☐ 妊婦さんの気持ちがわかった
☐ 子どもに対する父親や母親の気持ちがわかった

ひとこと感想を書いてみましょう。（　　　　　　　　　　　　　　　）

4 生命の誕生について学ぼう

5 すてきな男性・すてきな女性になろう ①

二次性徴とは？

ここでやること

あなたはどのような男性・女性になりたいですか？ ここでは、これからすてきな男性・すてきな女性になるために、どうすればいいかを学びます。大人になる前に、誰もが思春期という時期を迎えます。思春期は、身体的・精神的に変化が起こることによって、大人に近づく時期だといえます。

そこでまず、思春期にはどのような変化（身体面、精神面、対人面）が起こるのかを学びましょう。

考えてみよう

思春期はどのような時期だと思いますか？ 下に書いてみましょう。
（ヒント：9～10歳頃から始まり20歳頃まで続きます。）

実際はこんな変化が起こります

身体：外面	精神（こころ）：内面	周りの人との関係：社会面
・男性は身体ががっちりしてヒゲや体毛が濃くなっていきます。射精が起こります。 ・女性は体つきが丸みをおびてきます。特に胸は目立って成長します。月経が起こるのが特徴的な変化です。 （これらを二次性徴といいます。）	・物事について複雑に、論理的に、深く考えることができるようになります。 ・他人からどう見られているかが気になるようになりますし、大人としての意識も芽生えてきます。 ・異性に対しても意識するようになってきます。	・身体と精神が発達することによって大人とみられるようになります。 ・それまでの子どもとしての対応から大人として対応されるようになります。 ・「大人⇒子ども」という縦の関係から「大人⇔大人」という横の関係に変化します。

思春期にはこのような変化を経験します。

まとめると、思春期は（　　　　）に近づく時期といえます。
（　）に当てはまる言葉を考えてみよう。

目標 思春期に起こる二次性徴の変化について学ぶ。

身体の変化のことを、**二次性徴**といいます。主な変化は下のとおりです。（　）に入る言葉を考えましょう。

起こる性別	身体の変化	対応策
男性・女性	ヒゲが生える わき毛が生える 陰毛が生える 腕や脚の毛が濃くなる	個人差があるので、毛の（　　　　）や（　　　　）には違いがあります。また気になるかどうかにも個人差があります。 生えたままでも身体に影響はありませんが、社会的なこと（対人面、清潔面）を考慮して、必要に応じて（　　　　）などの対応をしましょう。
男性・女性	マスターベーション （性器を刺激して快感を得ることです）	個人差はありますが、快感を得たいと思うのは自然な生理的な欲求です。ただし、人前で行うことではありません。 プライベートブース（　　　　　　　　　　　　　　　　　　）で行います。 また時間帯を選ぶのも重要です。（　　　　　　　　　）などはふさわしくないでしょう。
男性	ペニスの勃起 精通（射精）	ペニスが勃起することは、自然な生理現象です。見ために目立つことがありますので、さり気なく（　　　　）ようにしましょう。 精通も同じく自然な生理現象です。精液で下着を汚すこともありますので、そのときは下着を（　　　　）するなどしてください。
女性	胸のふくらみ	目立つようになったら、（　　　　　　　　　）をつけたり服装に気をつけた方がよいでしょう。洋服を選ぶときは、（　　　　　　　　　）（　　　　　　　　　　　）などに注意した方がよいでしょう。
	月経	周期的に出血がありますので、（　　　　　　　　　　　　　　）を使用したり、月経の期間は色の（　　　　）服装にするなどがよいでしょう。 また痛みなどの身体への影響、（　　　　　　　　）など気持ちへの影響があることもあります。

5 すてきな男性・すてきな女性になろう

33

5 すてきな男性・すてきな女性になろう②

すてきとは？

考えてみよう 1

あなたが考えるすてきな男性、すてきな女性とはどんなイメージでしょうか？
まず、すてきでないイメージを下の左側に、すてきなイメージを右側に、分けて書いてみましょう。

すてきでない男性・すてきでない女性	すてきな男性・すてきな女性
見ため（外見）は？ （例えば、不潔……）	
考え方（心のもち方）は？ （例えば、すぐキレる……）	
マナー（行動・ふるまい）は？ （例えば、列に割り込み……）	
社会の決まり・ルールに対しては？ （例えば、人の物を盗る……）	

どうすればすてきになる？

| 目標 | 「すてきな」大人について学ぶ。 |

ここでやること

すてきな男性・女性になるためには、具体的にどのようなことに気をつければよいかを、外見、考え方、マナー、社会のルールの視点から学びましょう。そして、あなたならどうするかを考えましょう。

考えてみよう 2

あなたならどこに気をつける？

では、あなたなら大人になるとき、すてきな男性・すてきな女性になるために、どんなところに気をつけますか？ 下に書いてみましょう。

思春期は身体と精神（こころ）や、人との関係に大きな変化がある時期です。このときは、すてきになるのにとてもよい機会です。ちょっとした自分の心がけで、すてきになれるのです。

チェック！

「5. すてきな男性・すてきな女性になろう ①二次性徴とは？／②すてきとは？」でわかったことをチェックしてみましょう。もしわからない項目があれば再度、確認してみましょう。

☐ 思春期に起こる変化がわかった
☐ 二次性徴にどう対応したらよいかがわかった
☐ すてきな男性・すてきな女性とはどんな人かがわかった
☐ すてきな男性・すてきな女性になるために、気をつけることがわかった

ひとこと感想を書いてみましょう。
（　　　　　　　　　　　　　　　　　　　　　　　　　　　　　）

5 すてきな男性・すてきな女性になろう

5 すてきな男性・すてきな女性になろう ③

異性へのマナー（1）

> **💡 ここでやること**
>
> すてきな男性・女性になるためには、異性と接する際のマナーを知ることが大切です。異性との距離の取り方、異性への話しかけ方、話題、メールの送り方などについてロールプレイ（役割演技）をまじえながら練習し、異性との適切な接し方を学びましょう。
> 下の やってみよう と 考えてみよう に沿ってまず考えてみて、ロールプレイをしましょう。異性との関係は"顔見知り"程度とします。

❗ 考えてみよう

異性と接するときは、どのようにするとすてきな関わり方ができると思いますか？これまでやってきたことも思い出して、書いてみましょう。

> ヒント：異性と接するときには、いくつかのマナーがあります。そのマナーを間違えると、嫌われたりトラブルになったりすることもあります。ここでは、マナーを中心に考えてみましょう。

★やってみよう　ワーク1：異性との距離の取り方

近づかれる役（女性）　←------　近づく役（男性）

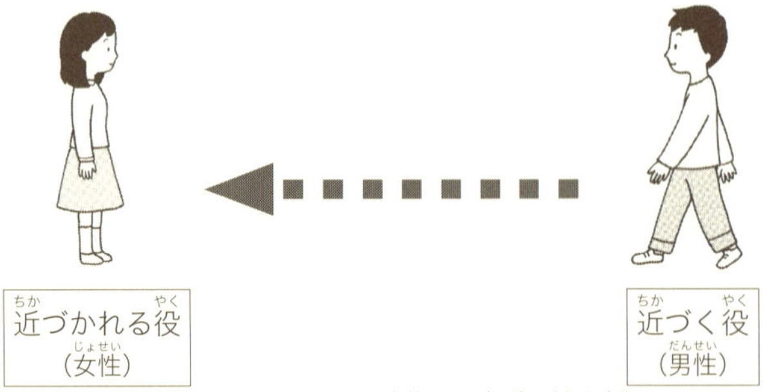

❗ 考えてみよう

異性との距離は、どのくらいがよいと思いますか？

ロールプレイ：はじめに、お互いの間を数mあけて、近づく役の人はゆっくり近づきましょう。近づかれる役の人は、ちょうどいいと思ったところで「ストップ」と言いましょう。ストップと言われたときの位置が、その女性にとっての安心できる距離になります。

36

目標 異性と接するときの話しかけ方や距離の取り方をロールプレイから学ぶ。

★やってみよう　ワーク２：異性に話しかけるとき

あなたなら、どこに気をつける？

ロールプレイ：話す役と話しかけられる役を決めてやってみましょう。

話しかけられる役　　話す役

考えてみよう

どのようなことに気をつけたらよいでしょうか？

★やってみよう　ワーク３：異性とおしゃべりするときの話題

ロールプレイ：話す役と話しかけられる役を決めてやってみましょう。

話しかけられる役　　話す役

考えてみよう

どのような話題がよいでしょうか？

★やってみよう　ワーク４：異性へのメールの送り方

ロールプレイ：次のテーマでメールを紙に書いて、手渡しで相手（女性）と交換してみましょう。

① デートに誘うとき
② 「断り」の返事がきたときの返信

考えてみよう

どのようなことに気をつけたらよいでしょうか？

5　すてきな男性・すてきな女性になろう

5 すてきな男性・すてきな女性になろう ④

異性へのマナー（2）

考えてみよう 1

告白するとき
どのような点に気をつければよいでしょうか？

> ヒント：告白の方法は？
> 場所は？ 時間は？
> 伝える内容は？

考えてみよう 2

デートするとき
どのような点に気をつければよいでしょうか？

> ヒント：場所は？ 時間は？
> 何をする？ 予算は？

考えてみよう 3

普段の関わり
どのような点に気をつければよいでしょうか？

> ヒント：会う頻度は？
> 会話は？ プライバシー
> への配慮は？

目標 実際に異性とお付き合いをするときのマナーについて学ぶ。

ここでやること

すてきな男性・女性になるために、異性とお付き合いをするときのマナーにはどのようなものがあるでしょうか。告白から性的な関係まで順を追って学んでいきます。下の**考えてみよう**に沿って、順番に考えていきましょう。

> あなたならどこに配慮しますか？

！考えてみよう 4

身体的な関わり

どのような点に気をつけなければいけないでしょうか？

> ヒント：場所は？
> 好きどうしなら
> 何をしてもいい？

5 すてきな男性・すてきな女性になろう

チェック！

「5．すてきな男性・すてきな女性になろう ③④異性へのマナー（1）（2）」でわかったことをチェックしてみましょう。もしわからない項目があれば再度、確認してみましょう。

- □ 異性と接するときに、いくつかのマナーがあることがわかった
- □ 異性と接するときの適切な距離がわかった
- □ 好きな人とお付き合いするときに、いくつかのマナーがあることがわかった
- □ 好きな人と身体的な関係をもつときのマナーがわかった

ひとこと感想を書いてみましょう。
(　　　　　　　　　　　　　　　　　　　　　　　　　　　　)

6 相手の気持ちを考えよう ①

友だちと遊んでいて

下の漫画は友だちと遊んでいる場面です。何が問題となっているのか考えてみましょう。

① かずや宅にて
- たろう：かずやのゲーム機、いいな ぼくも欲しいな
- かずや：いいだろう こづかいためて買ったんだ

②
- かずや：たろう、ちょっと待っててオヤツ買ってくるよ
- たろうは、かずやが部屋から出たすきに、自分のカバンにこっそりゲーム機を入れました。

③ 数日後、学校で
- たろう：知らないよ どこかにしまい忘れたんじゃない？
- かずや：ねえ、たろう、ぼくのゲーム機がなくなったんだけど、知らない？

④
- （かずや）こづかいためて買ったのに……たろうが遊びに来てからなくなったんだ……くやしい……

被害者
・被害を受けた人
　この例ではゲーム機を盗まれた人

加害者
・相手に害を与えた人
　この例ではゲーム機を盗んだ人

たろう　　　　　　　　　　　　　　かずや

確認：二人はどちらの立場でしょうか？　線でつなぎましょう。

目標 友だちとのトラブル場面を想定して、相手の気持ちを考えられるようになる。

ここでやること
被害者の気持ちを考えるワークに入ります。ここでは、自分の大切な物を盗られたという場面について、被害者と加害者の気持ちの違いを考えます。

考えてみよう 1

たろうのセリフ

かずやの大切な_____を盗んだたろうは、盗んだことがばれてしまったとき、かずやに何と言うでしょうか？（_____にはあなたの大切なものを入れましょう。）

かずや：「たろう、ぼくの大切な_____をとっただろ」

たろう：（セリフを入れて実際に言ってみましょう）

考えてみよう 2

かずやの気持ち・もしあなたなら

たろうが上のように言ったのを聞いたとき、かずやは何と言い返したいでしょうか？

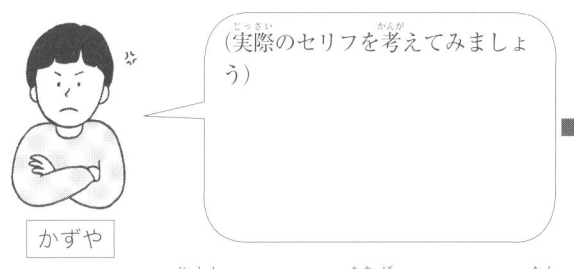

かずや：（実際のセリフを考えてみましょう）

→ この内容を気持ちで表すと、どのような感情でしょうか？
（例：怒り、悲しみなど）

もし、あなた自身がかずやの立場だったら、何と言い返したいですか？

あなた：（セリフを入れて実際に言ってみましょう）

→ この内容を気持ちで表すと、どのような感情でしょうか？
（例：怒り、悲しみなど）

6 相手の気持ちを考えよう

6 相手の気持ちを考えよう ②

女性と関わりたい場面で

ここでやること　被害者の気持ちを考えるワークに入ります。ここでは、女性の後をつけて怖がらせてしまう行為について、被害者・加害者の気持ちの違いを考えます。

下の漫画は学校からの帰り道の出来事です。まさきは、はな子のことが好きです。でも何か問題となっているようです。何が問題なのかを考えながら読んでみましょう。

① ある学校からの帰り道
まさき:「あ、はな子だ」
はな子

② まさき:「はな子に話しかけたいな　でもどう言って話しかけたらいいかな」

③ 数日後
まさき:「どうしよう」(思考:「またついてきてる」)

④ またまた数日後
まさき:「ん〜、どうしよう」(思考:「もう、いいかげんにしてほしい　やだな……」)

まさき ――
被害者
被害を受けた人
この例では後をつけられた人

加害者
相手に害を与えた人
この例では後をつけた人
―― はな子

確認：二人はどちらの立場でしょうか？　線でつなぎましょう。

目標 女性と関わりたいと思う場面で、相手の気持ちを考えられるようになる。

考えてみよう 1

まさきのセリフ

はな子のあとをついていったまさきは、先生から注意されたとき、どんなことを言うでしょうか？

先生：「まさき、君ははな子さんの後をずっと、つけていたそうだな」

まさき：（セリフを入れて実際に言ってみましょう）

考えてみよう 2

はな子の気持ち・もしあなたなら

まさきに上のように言われたはな子は、どんな気持ちになるでしょうか？

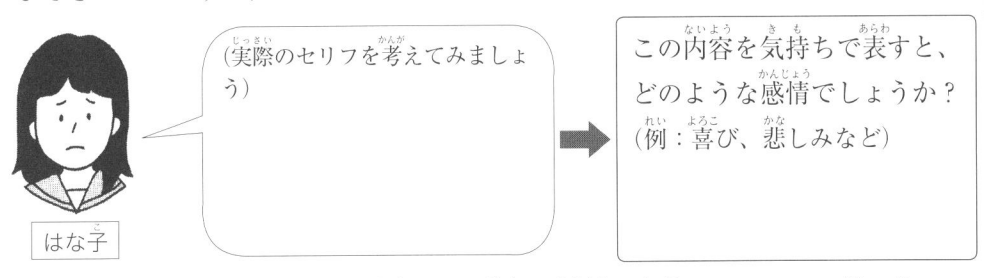

はな子：（実際のセリフを考えてみましょう）

→ この内容を気持ちで表すと、どのような感情でしょうか？
（例：喜び、悲しみなど）

もし、あなたがはな子の彼氏（女の子の場合は母親、姉妹）だったら、何と言いたいですか？

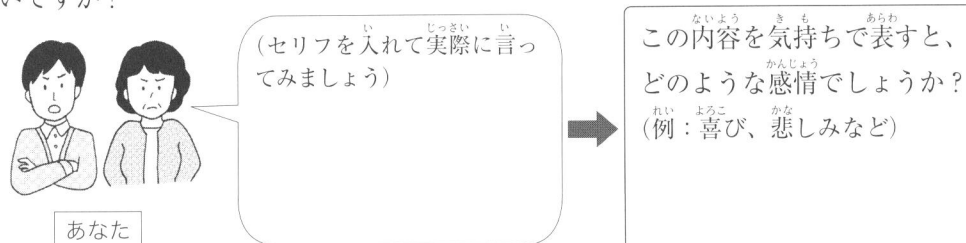

あなた：（セリフを入れて実際に言ってみましょう）

→ この内容を気持ちで表すと、どのような感情でしょうか？
（例：喜び、悲しみなど）

このような場面では、まさきはどのような行動をとったらよかったでしょうか？

- 学校帰りの場面

- 先生から注意された場面

---

6 相手の気持ちを考えよう

43

6 相手の気持ちを考えよう ③

性の問題行動の場面で

下の漫画は性の問題行動の場面です。何が問題なのかを考えながら読んでみましょう。

① 近所の公園にて
　あ、ともみちゃんだ
　同じ町内でよく知ってる子だ
　たけし

② ちょっとこっちきて遊ぼう。楽しいよ
　あっ、たけしくんいいよ
　ともみ

③ ねえ、ともみちゃん、ちょっとパンツ脱いでくれる？

④ ともみちゃん、トイレでのことは誰にも内緒だよ
　うん……

確認：たけしとともみは、どちらが被害者でどちらが加害者でしょうか？

　　　　たけし（　　　　　　）　　　ともみ（　　　　　　　）

考えてみよう 1

たけしのセリフ

ともみちゃんが先生に、たけしから触られたと言いました。たけしは先生に聞かれたとき、どう言うでしょうか？ たけしになって言い訳をしてみてください。

先生：たけし君、ともみちゃんをトイレで触っただろ

たけし：（セリフを入れて実際に言ってみましょう）

| 目標 | 性の問題行動に及んだ場面を想定して相手の気持ちを理解する。 |

> **ここでやること** 被害者の気持ちを考えるワークです。ここでは、性の問題行動について被害者・加害者の気持ちの違いを考えます。

ともみや、ともみの両親になりきって考えよう

考えてみよう ②

ともみの気持ち・もしあなたなら

- たけしに左下のようなことを言われたともみは、たけしに何と言いたいでしょうか？

  （セリフを入れて実際に言ってみましょう）

  ともみ

- もしあなたがともみの両親だったら、たけしに何と言いたいでしょうか？

  （セリフを入れて実際に言ってみましょう）

  ともみの両親

このような場面では、たけしはどのような行動をとったらよかったでしょうか？
- 公園での場面

- 先生から聞かれた場面

チェック！

「**6. 相手の立場を考える** ①友だちと遊んでいて／②女性と関わりたい場面で／③性の問題行動の場面で」でわかったことをチェックしてみましょう。もしわからない項目があれば再度、確認してみましょう。

- ☐ 加害者と被害者の立場の違いがわかった
- ☐ 被害者本人の気持ちがわかった
- ☐ 被害者に関係する人（家族や彼氏など）の気持ちがわかった
- ☐ 加害者にならないための正しい行動がわかった

ひとこと感想を書いてみましょう。
（　　　　　　　　　　　　　　　　　　　　　　　　　　　　　　　　　　　）

6 相手の気持ちを考えよう

7 あなたの性への考え方は？

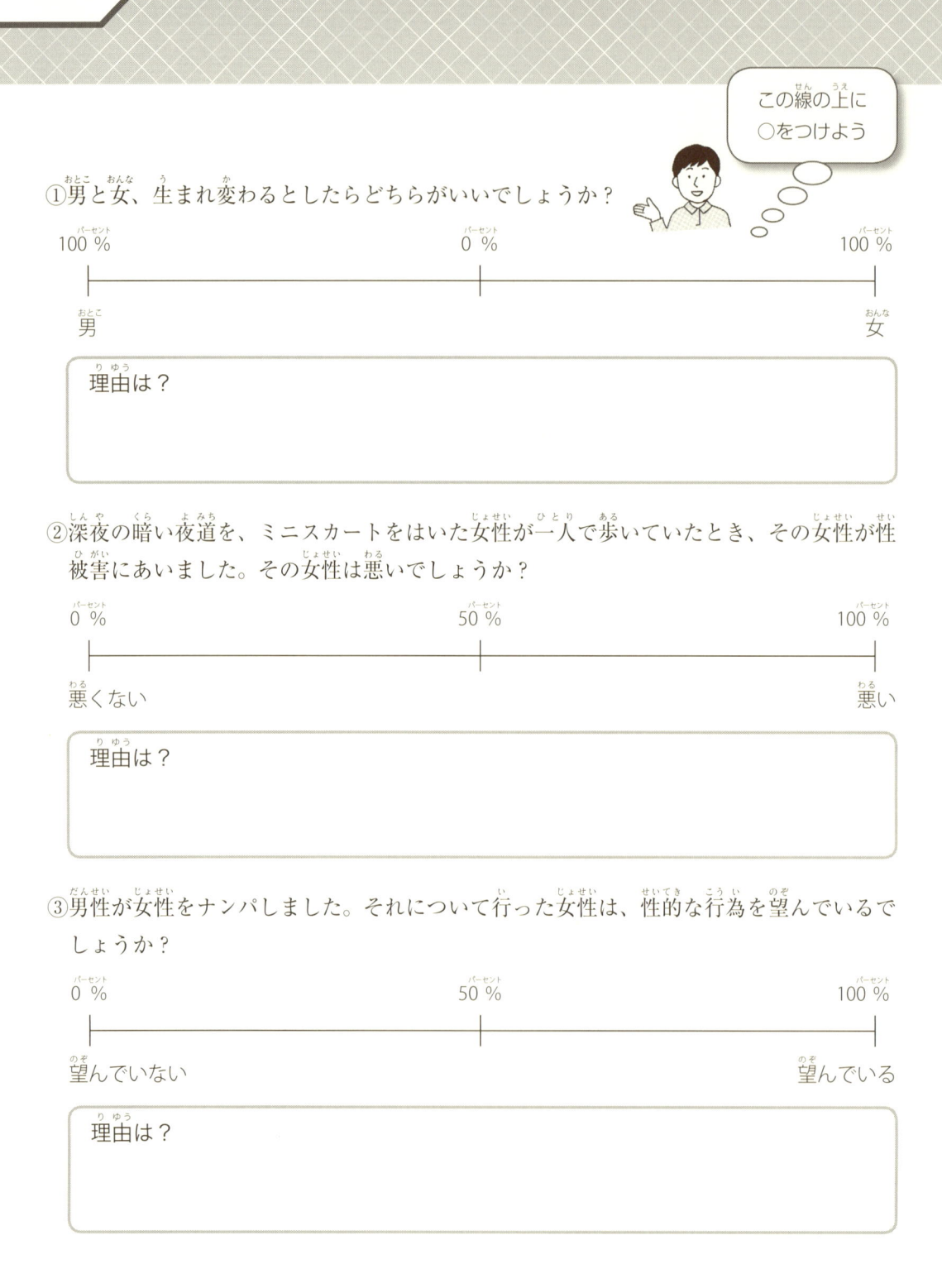

> この線の上に
> ○をつけよう

①男と女、生まれ変わるとしたらどちらがいいでしょうか？

100％ ─────── 0％ ─────── 100％
男   女

理由は？

②深夜の暗い夜道を、ミニスカートをはいた女性が一人で歩いていたとき、その女性が性被害にあいました。その女性は悪いでしょうか？

0％ ─────── 50％ ─────── 100％
悪くない   悪い

理由は？

③男性が女性をナンパしました。それについて行った女性は、性的な行為を望んでいるでしょうか？

0％ ─────── 50％ ─────── 100％
望んでいない   望んでいる

理由は？

目標 性についての自分の考え方に気づく。

> **ここでやること**
> 下に質問が6つあります。あなたはどう思いますか？ どのくらいそう思うかを％で考えて、線上に○をつけましょう。そしてその理由も書きましょう。
> できればグループの中で、その理由について他の人の意見を聞いてみましょう。それによって○の位置が変わったなら、その理由も考えてみましょう。

④ 20歳の時に性被害にあった女性は、80歳になったら、そのことをもう忘れているでしょうか？

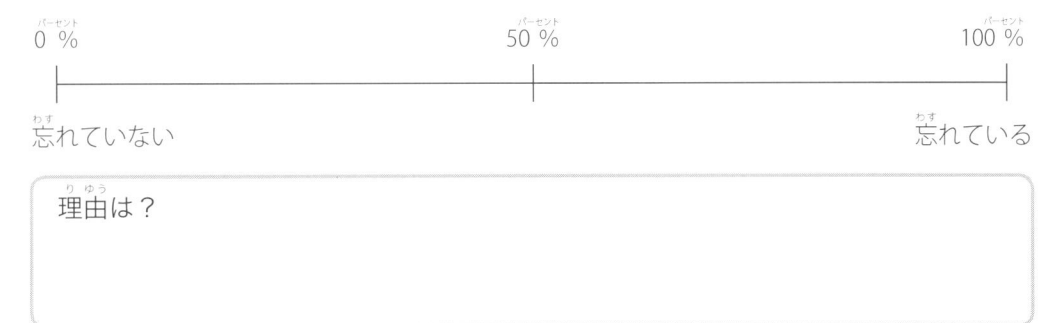

```
0％              50％              100％
|----------------|----------------|
忘れていない                    忘れている
```

理由は？

⑤ 下着を盗まれるのと痴漢にあうのとでは、どちらの方が心に傷がつくでしょうか？

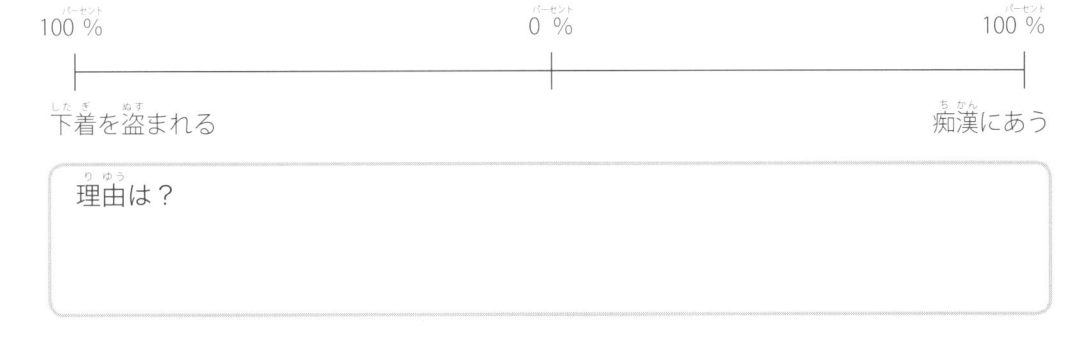

```
100％             0％              100％
|----------------|----------------|
下着を盗まれる                   痴漢にあう
```

理由は？

⑥ 女性を襲うことを想像するだけなら、実際には襲っていないので問題はないでしょうか？

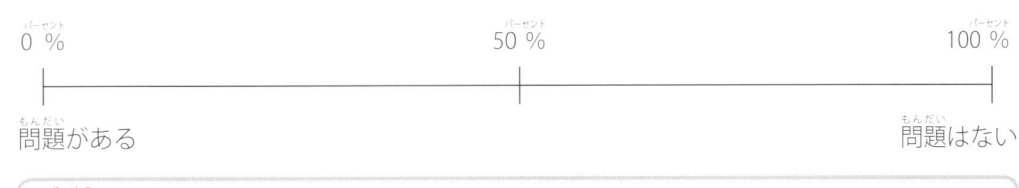

```
0％              50％              100％
|----------------|----------------|
問題がある                      問題はない
```

理由は？

7 あなたの性への考え方は？

8 なぜ性の問題行動を起こしたのかを考えよう

> **ここでやること**
> あなたが性の問題行動を起こしてしまった理由について考えていきます。まずA君とB君の例を下に示します。あなたはどうだったでしょうか？　思い出して、右の枠の中に書いてみましょう。難しければ「人生山あり谷ありマップ」（18ページ）を参考にしましょう。書いたら先生に見てもらいましょう。そして先生に、質問を右のふきだしの中に書いてもらい、その質問についてもう一度考えて、枠の中を書き直して完成させましょう。

A君の場合

- 部活動を頑張っていたけどなかなかうまくならなかった。部活動を辞めたかったが、親は許してくれなかった。

↓

- 勉強もできなかったので塾に行っていたが、成績は悪かった。親から「お前は何もできないな」と言われイライラしていた。

↓

- 何かストレスを発散できることが欲しかったけど、友だちがいなかったので、遊びに行ったりすることもなかった。

↓

- 地元で祭りがあったので、一人で出かけて行った。たくさんの人の中に、好みの女性を見つけた。触ってみたいと思った。

↓

- 人ごみにまぎれて、その女性の下半身を触った。とても気持ちがスーッとして、ストレスを発散できた。

B君の場合

- 女の子に興味があったけど、自信がなくて話しかけられなかった。

↓

- 学校の勉強がわからなくて、学校が面白くなかった。家でゲームばっかりしていて、親からいつも怒られていた。

↓

- 何かしたくなってきたので、家でエッチなビデオを見た。女の子を触ったらどんな反応を示すか、確かめたくなった。

↓

- 駅の近くで好みの子を見つけたので後をつけていった。その女の子が人のいない道に入っていったのでバレないと思った。

↓

- 後ろから触って走って逃げた。そしたら、キャーという声を出したので、それを見て、またやりたくなった。

性の問題行動

目標 性の問題行動に至った理由を理解する。

「人生山あり谷ありマップ」も参考にしよう

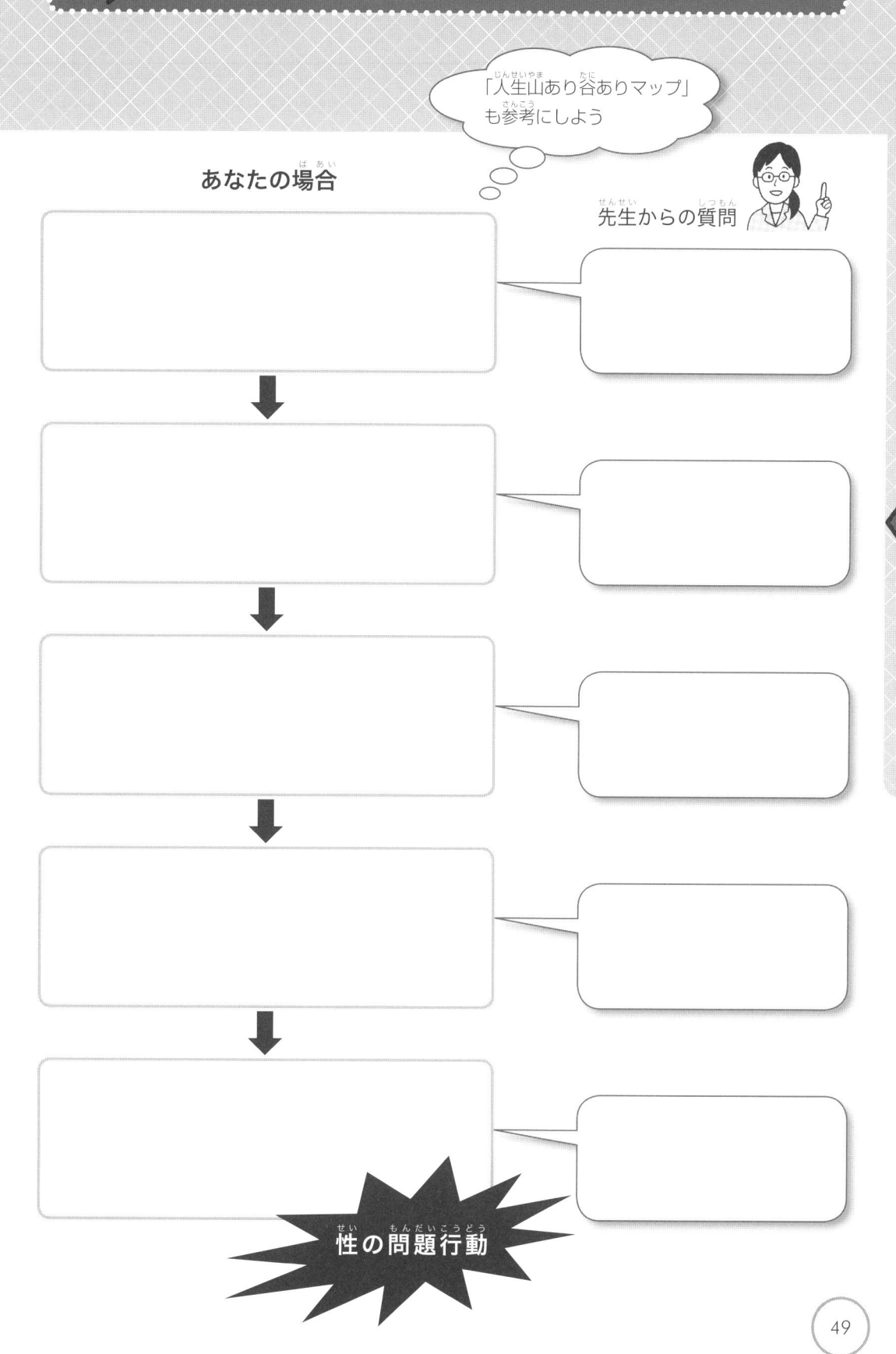

あなたの場合

先生からの質問

性の問題行動

8 なぜ性の問題行動を起こしたのかを考えよう

49

9 性の問題行動を止めよう ①

対処法と性のルール

8（49ページ）で、なぜ性の問題行動を起こしたのかを考えてもらいました。今度は、同じようなことがあった場合に、あなたはどうしたらいいかを考えて、次（52ページ）の「② あなたができる方法」の対処法の欄に書きましょう。まず下にB君の対処法の例を示します。

B君の場合

女の子に興味があったけど、自信がなくて話しかけられなかった。

↓

学校の勉強がわからなくて、学校が面白くなかった。家でゲームばっかりしていて親からいつも怒られていた。

↓

何かしたくなってきたので、家でエッチなビデオを見た。女の子を触ったらどんな反応を示すか確かめたくなった。

↓

駅の近くで好みの子を見つけたので後をつけていった。その女の子が人のいない道に入っていったのでバレないと思った。

↓

後ろから触って走って逃げた。そしたら、キャーという声を出したので、それを見て、またやりたくなった。

B君の場合の対処法

- 女の子に嫌われないよう、身だしなみ、マナー、笑顔などに気をつける
- 友だちに女の子を紹介してもらう

- 体を動かして（スポーツ）ストレスを発散する
- 友だちに勉強を教えてもらう

- 出歩かないで家にいる
- エッチなビデオを処分する
- 被害者の気持ちを考える

- 女の子から離れる
- 触ったら、また施設（児童自立支援施設、少年院など）に入れられることを想像する

性の問題行動

目標 性の問題行動を止める方法と性のルールを考える。

ここでやること 性の問題行動を止める対処方法について考えます。**8**（49ページ）で作成した性の問題行動に至った理由のシートをもとに、各段階で具体的にどう対処すればよいか考えましょう。先生の意見も参考にしながら左下のような対処シートを完成させます。また性に関する法律やルールも確認しておきます。

ここで、性に関する法律・ルールを確認しておきましょう。

＜吹き出し＞性のルールを確認して、次につなげよう

性に関するクイズ

下の問いの答えを考えて、YES か NO に○をつけましょう。

1. 小学生の女の子が「好きだから触ってもいいよ」って言ってくれれば、同意があったことになるので触ってもよい。
　　　　　　　　　　　YES　　　　　　　NO

2. 手を握るだけならわいせつにならないので、A君は好みの女性に握手をお願いした。しかしその女性は嫌がったので、A君は無理やり握手した。A君に問題はない。
　　　　　　　　　　　YES　　　　　　　NO

3. A君は好きな人の家を知りたかったので、後をつけて家を確かめた。A君は直接触ったりしていないので悪くない。
　　　　　　　　　　　YES　　　　　　　NO

4. A君は20歳で、B子さんは17歳です。女の子は16歳から結婚できるので、B子さんのことが好きでなくても、B子さんの同意があればA君はB子さんに性的な行為をしてもよい。
　　　　　　　　　　　YES　　　　　　　NO

5. A君はC君から、子どもの陰部が写っているエッチな写真をもらった。A君は性的な興味があるので持っているが、誰かに見せたりしなければ問題はない。
　　　　　　　　　　　YES　　　　　　　NO

6. A君は、嫌がるB子さんを公園のトイレに呼んで、自分の陰部を見せた。しかしB子さんは少し恥ずかしそうな顔をしていただけで、それほど嫌そうでなかったのでA君は問題ない。
　　　　　　　　　　　YES　　　　　　　NO

7. A君が同級生で特別支援学級のB子さんの胸を見ていたら、B子さんが「胸を触ってもいいよ」と言ってきたのでA君は触った。B子さんがいいって言ったのだからA君は問題ない。
　　　　　　　　　　　YES　　　　　　　NO

9 性の問題行動を止めよう

9 性の問題行動を止めよう②

あなたができる方法

ここには **8**（49ページ）で作ったものを書き写します

あなたの対処法

性の問題行動

目標 性の問題行動を止める自分に合った対処の方法について学ぶ。

ここでやること 一番左の欄には、**8**（49ページ）で作成した「性の問題行動に至った理由」を写しましょう。そして次に、今後あなたに性の問題行動を起こしそうな同じようなきっかけがあった場合、どうしたらよいかを考えて、右の対処法の欄に書きましょう。そして先生に質問を書いてもらい、もう一度書き直してみましょう。

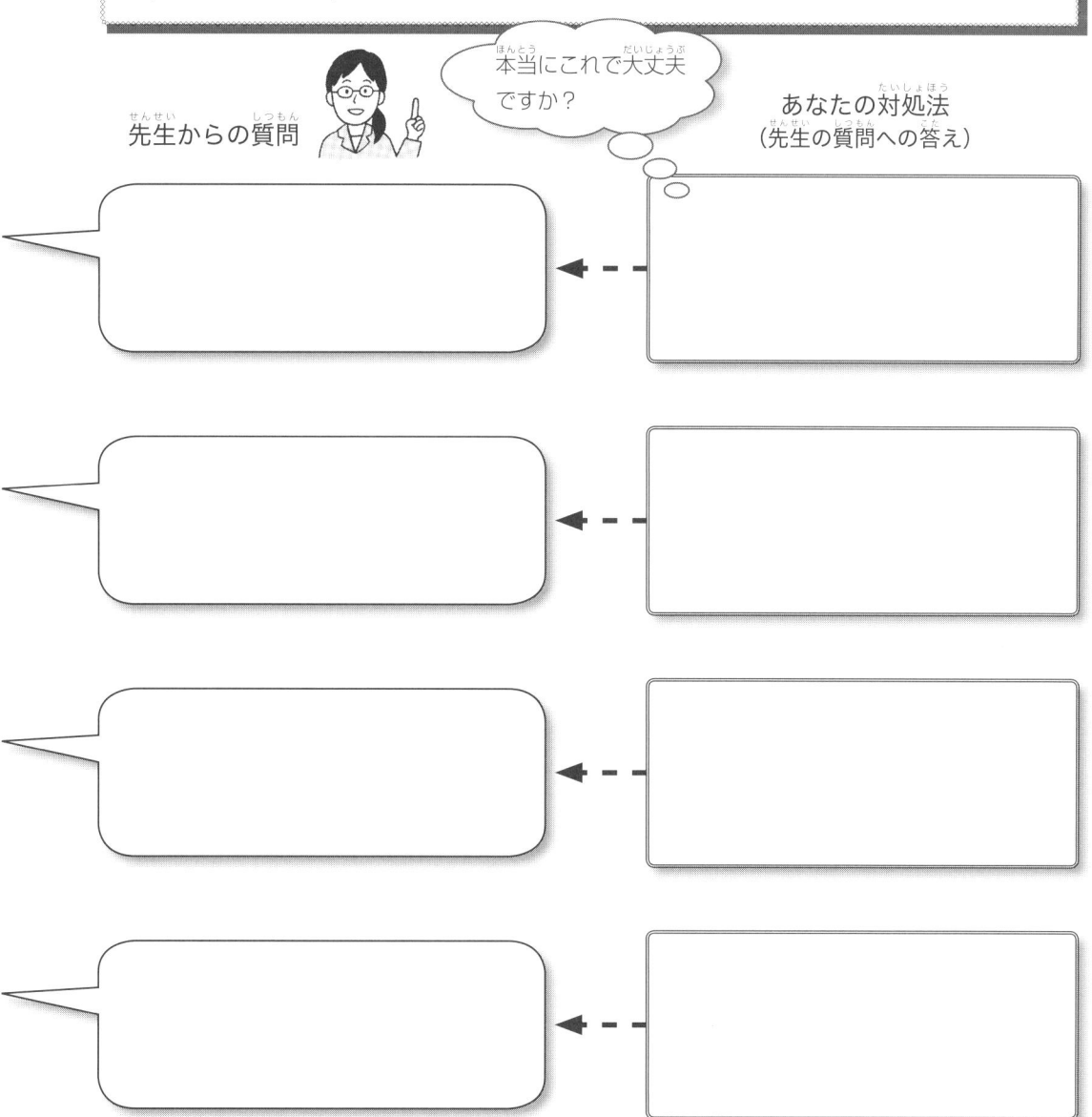

本当にこれで大丈夫ですか？

先生からの質問

あなたの対処法
（先生の質問への答え）

9 性の問題行動を止めよう

10 新しい自分になろう

最初に考えた個別目標は達成できたでしょうか？　○をつけましょう。

　　　できた　　まあまあできた　　あまりできなかった　　できなかった

理由は？

このワークを通して学んだこと、感想など何でもいいので書いてみましょう。

目標 ワークを通して自分がどう変わったかを確認する。

ここでやること ワークブックの最初に立てた個別目標が達成できたかを考え、できなかったならその理由も考えます。また全体を通しての感想や、2②（21ページ）で書いた自分が今はどう変わったかを確認します。

> ワークの最初に書いたものと比較してみよう！

次の質問をもう一度考えて、最初とどう変わったのか比べてみましょう。

自分の好きなところはどこ？
自分の良いところはどこ？
自分の嫌いなところはどこ？
自分の悪いところはどこ？
自分ってどんな人だと思う？
友だちからどう思われていると思う？
先生からどう思われていると思う？
親からどう思われていると思う？
昔はどんな人だった？
どんな人になりたい？
どんな人にはなりたくない？

10 新しい自分になろう

附録 脳を鍛えよう

> **ここでやること**
>
> 下に並ぶ記号の中で、チェック記号（下の例では△）の数を左から順番に数えながら、できるだけ早くチェック記号に✓印をつけましょう。ただし、そのチェック記号の左側にストップ記号（例では○）がある場合は、チェック記号を数えず✓印もつけません。数え終わったら、下の（ ）に数を記入して終了です。
>
> 　時間を計りながら、できるだけ早く正確にできるように頑張りましょう。終わったら先生から正しい数を聞き、違っていたらどこを間違えたか確かめましょう。チェック記号とストップ記号の種類は、先生が毎回変えます。

〈例〉

チェック記号： △　　　ストップ記号： ○

☆◇○◎△○▽□◇☆△▽□◇○△□◇
◎☆○□☆△□◇△○△□○◎▽○△
○□☆◇△○☆△△△○☆△○▽◎
□◇△☆◎○□○△○△○□☆▽△□
△□○▽☆○△◇○△△◎▽△□☆
□○△○△○▽□▽○△☆△○△○
△☆□◎○△◇○☆○△○△○△□☆○
□△△◇○△☆◎○△○△☆□◎☆△☆
□○◇○◎△▽○☆◎○△□○☆□△

チェック記号： △ は（ 26 ）個

目標 素早く正しい判断ができる力をつける。

目標時間を立てて正確に数え、
最高タイムを更新できるよう
頑張りましょう

これまでの最高タイム	目標タイム	今回のタイム
分　秒	分　秒	分　秒

チェック記号：　　　　　ストップ記号：

☆◇○☆◇○◎△□◎△□☆◇○◎△□
◎△□○◎☆◇☆◇△□◇○◎△□☆
△□☆◇○☆△□☆◇○◎△□○◎△□
□☆◇○◎☆◇○◎△□☆◇△□◇◎
○◎△□☆◇○△□☆◇○◎△☆◎□
☆◇○◎△□△□☆◇○◎△□○☆
△□☆◇○☆□○◎◎△□○△□○☆
◇△□△○◎△○△☆◇○□◇○◎
◇○◎△□◇○☆△□◎△○◎☆◇
◎□◇☆○○☆◇○◎□○△□☆◇□
△□☆◇○△☆◇○□☆◎△☆◇○◎△

チェック記号：　は（　　）個

ワークシートの使い方

1 ルールと目標を決めよう

ワークシート記入例 ➡108ページ〜

本ワークを始めるにあたって、まず最初にグループのルールや個別の目標を決めます。

①グループのルールを決めよう

■ ねらい

ワークにはさまざまな背景をもった参加者がいます。そのため、参加者全員がワークを安心して進められるよう守ってもらうべきいくつかのルールを決めます。

■ 進め方

ワークを行うにあたって必要だと思われるルールを参加者に考えてもらいます。支援者側が提示するより、グループ内で自主的に話し合わせましょう。いくつか挙がると思いますが、必ず必要なルールとしては、

- グループ内で知った他の参加者のプライバシーを、関係のない他者に話さない

ことがあります。これが出てこないときは支援者がヒントを出してあげましょう。他に、あった方が望ましいルールとして

- 出された課題は必ずやってくる
- 嘘をつかない

などがあります。ただ「嘘をつかない」ことは「何でも正直に話さねばならない」ことと同じではないことに注意しましょう。いずれもグループワークをスムーズに進めるために必要なルールとなります。

ルールは多すぎても焦点がずれるので5つくらいがいいでしょう。

その他のルールとして、**積極的に参加する、他人の話を最後まで聞く**、などが考えられます。

ルールが決まれば、一人ひとりがそれらを「グループのルール」シートに書き込み、下に日付を書いてサインをしましょう。支援者はコピーを取り、控えを持っておきます。

■ 留意点

ルールは参加者全員が納得するまで時間をかけて話し合いましょう。納得しないまま無理やり進めると、後々にトラブルの原因となります。ルールが出てこなければ、支援者は"必ず守るべきルール"のヒントを出しましょう。

②個別目標を決めよう

■ ねらい

性の問題行動を起こす子どもにはさまざまな課題があります。また課題は子どもによっても異なります。自分にとって何が課題なのか、またどのようなことを目標にすればいいのかを考えます。

■ 進め方

参加者は「私の目標」のシートにそれぞれの目標を書き、順番に皆の前で発表します。他の参加者は、質問があればするように促しましょう。目標は、例えば以下のようなものが予想されます。

- 被害者の気持ちを考えられるようになりたい
- 二度と性的な問題行動（わいせつ行為、触る行動）をしない
- 感情をうまくコントロールできるようになりたい
- 人前でうまく話せるようになりたい
- 家族と仲良くしたい
- 女性とうまく話せるようになりたい

■ 留意点

性の問題行動に対する目標が出なくても無理に促す必要はありません。「二度と性の問題行動をしない」といった大きな目標は大切ですが、それよりもむしろ、そのために役立つであろう小さな目

標(対人関係の改善や感情コントロールなど)を立てた方が現実的かもしれません。より"健全な自分"を目指すことを目標にしましょう。目標を考えるのが難しい場合は上に挙げた目標から選ばせてもいいでしょう。

2 自分を知ろう

ワークシート記入例 ➡110 ページ～

　誰にでも、いい人になりたいという気持ちは少なからずあります。いい人に少しでも近づくためには、今の自分の姿を正しく知る必要があります。性の問題行動を起こす子どもの中には、自己評価が極端に低い子や逆にプライドが高すぎる子など、適切に自己評価ができない子がいます。ここでは、これまでの人生を振り返ること、自分はどんな人なのかを考えること、自分の怒りのポイントはどこなのかを知ること、などを通して自分のことを正しく理解していきます。

①「人生山あり谷ありマップ」を作ろう

■ ねらい
「人生山あり谷ありマップ」作りを通してこれまでの自分の人生を整理して振り返ってみます。

■ 進め方
　「人生山あり谷ありマップ」のシートを、できればA3用紙に拡大コピーします。縦軸は、上方向に良かったこと、下方向に悪かったことの度合いを示しています。横軸は時間軸で、左の原点が誕生、右端が現在です。そこで次ページの図のように、生まれてから現在までの出来事を挙げ「良かった」「悪かった」の程度を曲線で表し、これまでの人生を振り返ってみます。
　山の部分と谷の部分に、いつ、どんな良いことや悪いことがあったのかを思い出して書いてもらいましょう。個人によって横軸の意味合いが変わってきますので横軸の間隔は自由です。より細かく書きたい時期もあるでしょう。完成すればグループで順番に発表していきます。他の参加者は疑問点があれば質問してみましょう。

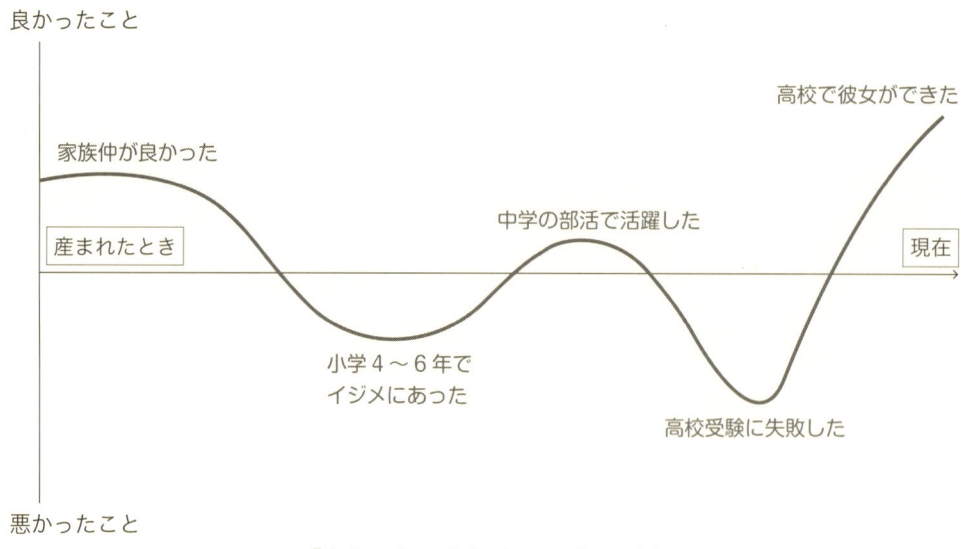

「人生山あり谷ありマップ」の例

　自分のこれまでの人生をみんなに知ってもらいながら、自分がどんな人間だったのかを知るだけでなく、他の参加者の人生も知ることができます。そしてつらい体験があっても"自分だけではなかったんだ"といった自己体験の客観視ができます。

■留意点

　「**8. なぜ性の問題行動を起こしたのかを考えよう**」のワークを行う際、性の問題行動に至った時系列を理解する必要があります。そこで、この「人生山あり谷ありマップ」がこれまでのいきさつを整理する上で必要になってきますので、特に性の問題行動につながったところは、何が起こったのかを詳しく書いてもらいましょう。

②自分ってどんな人？

■ねらい

　参加者の現在の自己理解がどうなのかを、質問に答えることで確認してみます。

■ 進め方

　シートの左側には参加者の今の自画像を描いてもらいます。自画像は全身を入れても、言葉を自由に追加しても結構です。次に、右側の質問に答えてもらいましょう。質問項目によってはすぐに「わからない」と答えることもありますが、じっくり考えてもらいましょう。特に"他者（友達、先生、親）からどう思われていると思う？"の質問は、難しければ"良く思われているか？"、"悪く思われているか？"のいずれかを選ばせてもよいでしょう。

　ワーク終了時（**10**）にも同じ質問を繰り返しますので、答えがどのくらい変化したかを比べてみることができます。

　記入例は次のような感じです。

- **自分の好きなところはどこ？**
  やさしいところ
- **自分の良いところはどこ？**
  何でもがんばるところ
- **自分の嫌いなところはどこ？**
  すぐにカッとなるところ
- **自分の悪いところはどこ？**
  すぐにあきらめるところ
- **自分ってどんな人だと思う？**
  普通の人
- **友達からどう思われていると思う？**
  面白いやつ
- **先生からどう思われていると思う？**
  嫌われている
- **親からどう思われていると思う？**
  本当はいい子
- **昔はどんな人だった？**
  やんちゃ
- **どんな人になりたい？**
  人から尊敬される人
- **どんな人にはなりたくない？**
  同じ誤りを何度もする人

ワークシートの使い方

■ 留意点

　良いところ、悪いところで身体的な特徴を書く子もいますが（例えば、背が高い、色が黒いなど）、できれば内面的なことを書いてもらいましょう。また内容については、矛盾と感じられること（性被害者がいる場合に"自分の良いところは？"の質問に「優しい」と答えるなど）も多々ありますが、そこはあくまでワークの前の自己理解ですのでそのままにしておきましょう。

③感情をコントロールしよう

■ ねらい

　自分の感情（特に自分の怒りのツボ）を知りコントロールするために、このワークを他のワークと並行して行っていきます。毎回、各ワークの始まる前に行いましょう。

■ 進め方

　「違った考えをしよう」シートをコピーして課題として渡し、次回のワークまでに、主に「怒り」などネガティブな気持ちを感じた場面について"何があった？"、"あなたはどうした？　どう思った？"、"どんな気持ち？　どれくらいの強さ？"を書いてきてもらい、毎回のワークの前に、みんなの前で順番に発表してもらいましょう。気持ちの強さ（％）は、例えば「怒り100％」なら殴りかかるレベルです。嬉しいといったポジティブな感情はほとんど問題になりませんので、ここでの感情の種類は、"怒り"、"悲しい"といったネガティブな感情を中心に扱いましょう。

　また可能な限り事前に、"違った考え"の欄にそのネガティブな感情を減らす方法を自分で考えて書き、そしてその際の"気持ち"と強さ"％"、その考えをしたときの"感想"も書いてきてもらいグループで発表します。自分で出てこない場合は、グループでの発表時に他の人からヒントをもらいます。

　支援者は、参加者が適切に「怒り」の気持ちを減らすことができた場合は褒めてあげましょう。グループで行わない場合には、指導者が個別に書かせてアドバイスしてあげましょう。

■留意点

- 発表者や他の参加者から出た"違った考え"自体を否定することは控えましょう。例えば、怒りを抑える方法として「相手を殴る」といったものがあった場合、それも一つの解決法なのです。ただ、それをするとどうなるかを考えさせることで気づきを与えることが大切です。「殴る」しか出ないといった場合でも、他の参加者の反面教師となってくれますので役に立ちます。
- 感情を発表することはとても負担のかかることですので、最初に支援者や補助者が発表したり、事前に簡単なゲームで緊張をほぐす「アイスブレイク」を入れるなど、発表しやすい雰囲気作りがとても大切です。発表が他の参加者にとってわかりにくければ、支援者が随時、内容をまとめてあげましょう。
- 怒りといったネガティブな感情がすべて性の問題行動に結びつくわけではありませんし、性の問題行動を起こしている子どもすべてが怒りをためているわけでもありません。しかし性の問題への支援に携わる関係者なら、彼らの回想的な語りから「怒り」が性の問題行動のリスク因子になっているといった経験的な手ごたえをもっていることでしょう。また「怒り」は冷静に対処方法を考える上で障壁になりますので、やはり感情のコントロールをしていく必要があります。

　これまで我々が行ってきたグループワークからは、性加害を行った発達障害や知的障害をもった非行少年たちの中に、学校でイジメなどに遭っており、怒りを感じてストレスをため、その発散のために性加害を行ってきたという例が数多くみられました。

3 身体を知ろう

ワークシート記入例 ➡116ページ〜

　ここでは男女の身体の基本的な働きについて、また共通するところについて学びます。さらにプライベートゾーンについても学びます。

①男性・女性の身体の違い

■ねらい

　性について考える上では、まず男女の共通した身体の名称や働きを、次に男女の身体の違いと名称、働きを学習することが大切です。生殖器は男女の違いがわかりやすい部位で特徴的なものですので、それらを中心に男女の身体の違いを確認しておきます。

■進め方

　基本となる身体部位の名称と働きを確認します。支援者がイラストの部位を指して、参加者に名前や働きを答えてもらうなどのやり方で進めます。最初は［男女に共通する身体］の部分とその左の**考えてみよう**に取り組み、男女に共通する身体部位がどのような働きをしているかを確認します。次に［男性に特徴的なところ］と［女性に特徴的なところ］に移ります。見える部分、見えない部分に分けて参加者に考えてもらいましょう。以下に例を示します。
　共通部分の例として、

　　〈見える部分 ⇒ 働き〉
　　　目 ⇒ ものを見る
　　　手（腕）⇒ ものを持つ、つかむ、字を書く
　　　口 ⇒ 物を食べる、飲み物を飲む、呼吸をする

鼻 ⇒ においを嗅ぐ、呼吸をする
耳 ⇒ 音をきく
脚 ⇒ 歩く　　など。
〈見えない部分 ⇒ 働き〉
心臓 ⇒ 血液を全身に送る
胃 ⇒ 食べ物を消化する
脳 ⇒ ものごとを考える
肺 ⇒ 体に酸素を取り入れる
腸 ⇒ 栄養を吸収する、便を作る
膀胱 ⇒ 尿を貯める
肝臓 ⇒ エネルギーを蓄えたり出したりする、体に有害なものを分解する
腎臓 ⇒ 尿を作る　　など。

　次に男女の身体の違い、つまり生殖に関する臓器の名称（例えば女性なら子宮、卵子、膣／ワギナなど、男性なら精巣、精子など）を確認します。

　男性に特徴的なものとして、
〈見える部分 ⇒ 働き〉
外性器（ペニス）⇒ 尿を出す、精子を出す
　◆特徴
　●筋肉がつき骨格もしっかりして体つきががっちりしています。
　●手足やあご、陰部に毛が生え、個人差はありますが濃くなる人もいます。
　●女性に比べ力が強く、重いものを持つことができます。
　●ペニスは心理的もしくは物理的な刺激によって勃起します。
〈見えない部分 ⇒ 働き〉
内性器（精巣）⇒ 精子を作ります。
　◆特徴
　●赤ちゃんのもととなる精子を作ります。
　●思春期になるとペニスの勃起や精子の排出がおこります。

　女性に特徴的なものとして、

〈見える部分 ⇒ 働き〉
　胸 ⇒ 赤ちゃんにおっぱい（母乳）をあげる
　女性の外性器（外陰部、ちつ）⇒ 月経血が出る
◆特徴
● 体つきは男性と比較して丸みをおびています。
● 毛は陰部には生えていますが、それ以外はそれほど濃くなりません。

〈見えない部分 ⇒ 働き〉
　内性器（子宮）⇒ 月経がおこる、卵子を保つ、赤ちゃんが育つ
◆特徴
● 妊娠することができます。
● 子宮で約10か月間赤ちゃんを育てたのち、産む（出産する）ことができます。
● 妊娠・出産の準備として、思春期になると月経（生理）がおこります。

留意点

　生殖器について学ぶ際には多くの場合、恥ずかしい気持ちが出てきますが、それは一般的なことです。この気持ちを押し殺して学習するというスタンスよりは、そのような気持ちが起こることは自然なことだ、と捉えた方がよいでしょう。またこのワークは、可能であれば男女ペアの支援者で行うとよいでしょう。それぞれの性の立場を尊重できるためです。最初に男女共通の身体の働きについて十分に理解を深め、その延長として生殖器について確認しますが、ここでは主に、その機能について扱いましょう。
　女性の性器についてこれだけではわかりにくい場合は、副教材（性教育の本など）を用いてください。

②プライベートパーツ

ねらい

　人の身体には、他の人には見せない、触らせない部位や、他の人が勝手に見てはいけない、触ってはいけない部位があることを学びます。

■ 進め方

　まずプライベート（個人的な情報）とパブリック（公的な情報）の違いについて、シートを用いて理解してもらいます。それぞれ具体的な例を参加者に考えてもらいましょう。

　プライベートな情報の例として、名前、住所、電話番号、職業、年齢、体重、好きな人、悩み、人に言えない癖、成績、テストの点数、過去の出来事、などがあります。パブリックについては、個人の背景によって意味合いが変わってきますので、全員にとって完全に誰に知られてもいいパブリックな情報はほとんどないでしょう。プライベートな情報をどこまでパブリックに（公開）するかは、場所や相手によっても違ってきます。学校ですと、生徒は学校に名前や住所、連絡先を届ける必要がありますが、学校は関係者以外に児童生徒の情報を勝手に公開することはできません。しかし、近所の人には逆に生徒の名前などを知ってもらった方がよい場合もあります。参加者によっても、どこまで情報を知られてもよいかという基準が異なってきますので、ここでは相手の基準を尊重することについて学びましょう。

　次に身体については、参加者によって見せてもよい部分や見せてはいけない部分の基準が違うのではなく、みんなにとって共通していることを学びます。イラストを見ながら、プライベートパーツは水着で覆われるところであることを考えてもらいましょう。ただ、このプライベートパーツは最小限です。人によってはもっと広い場合があります。その理由を考えてもらいましょう（**考えてみよう1**）。例えば、**身体に火傷のあとがある、手術のあとがある、毛深い**、などです。

　「恥ずかしさ」があればプライベートパーツを人に見られないようにするのでは？　と思われがちですが、この恥ずかしさの感覚には個人差があります。恥ずかしさを強く感じる場合は自分から見られないよう、見せないように心がけるかもしれませんが、あまり感じない場合は見られても／見せても平気なこともあります。

　しかし思春期に身体の成長がみられるようになり女の子が女性らしい体つきになると、周囲からは見せない／見られないよう行動することが期待されます。また興味本位で見ようとする目にさらされることもあります。ですから、まずプライベートパーツがどこかを

知り、見せない／見られないよう行動できるようにしたいものです。
　これらをふまえ、プライベートパーツで気をつけることを皆で考えてみましょう（**考えてみよう②**）。基本は以下の4つです。

　　他人のプライベートパーツを見ない
　　自分のプライベートパーツを見せない
　　他人のプライベートパーツを触らない
　　自分のプライベートパーツを触らせない

　最後に、**チェック！**で理解度を確認しましょう。また、ひとこと感想で、自分なりに理解したこと、印象に残ったことも発表してもらいましょう。

■留意点
　プライベートパーツについては、夫婦や恋人同士のように基本的には相手の同意があれば、触ったり見たりしてもよいことも理解してもらいましょう。ただし、いくら「いいよ」と言われても、幼い子ども、立場が弱い子どもや障がい者などに対しては絶対に駄目なことも、同時に知ってもらいましょう。

4 生命の誕生について学ぼう

ワークシート記入例 ➡120ページ〜

　ここでは生命（赤ちゃん）が生まれることの重み、生命の尊さ、内性器と外性器はそのような生命を作るための大切な身体の部分であることを学びます。

①生命の誕生

■ ねらい

　生命（赤ちゃん）が誕生し、人が成長して老いていくまでの経過を学習します。性の本来の目的を学ぶことで性に対する問題行動について気づきを与えます。

■ 進め方

　事前に現在の参加者の身長・体重を調べておき、シートの右上に記入しましょう。男女（両親）の出会いから生命の誕生、高齢期まで順番に（　　）内の言葉を考えてもらいながら解説していきます。（　　）の中は順に以下の通りです。

　　　精子、卵子、受精、子宮、10、3000、50、145、38

　卵子の大きさは0.1〜0.2㎜くらいです。可能なら黒い色紙の真ん中を針で軽く突いて穴を開け、電灯に向けて見てみましょう。その光る穴がちょうど卵子の大きさです。また赤ちゃん人形があれば、⑤新生児のところで出して参加者に抱かせてみましょう。
　自分を含め、人は長い時間をかけてこの世に生まれてきました。また生まれたあとも長い経過を経て今の自分になっています。このワークで、参加者自身もこうやって生まれてきたのだということを

■ 留意点

　単に生命の流れの説明だけに終わってしまわないよう注意しましょう。

　性器は生命を作るための大切な部位です。そこに対して身勝手な気持ちで性の問題行動を起こしたことについてどう感じたかを、参加者に聞いてみてもいいでしょう。

②親の気持ち

■ ねらい

　赤ちゃんが生まれる前の妊婦の生活を疑似体験することで、妊婦の気持ちを考えたり、親の立場に立って自分の子どもに対する思いを想像したりします。

■ 進め方

　まずは妊婦さんが日常生活で体験することを想像してみましょう（**考えてみよう**①）。例えば次のようなことです。

　　気楽に外出できない
　　身体が思うように動かない
　　つわりがつらそう……
　　階段とか昇るのが大変
　　病気になっても薬が飲めない
　　寝るときの姿勢に気をつけなければいけない

　次に、妊婦体験を行います。赤ちゃんは出産直前でおよそ3000gですが、羊水や胎盤もありますので妊婦の体重増加は、個人差はありますが全体でおよそプラス10kgになります。ですので、10リットルの水（2リットルのペットボトルを5本）をリュックサックに入れて前から担いでみましょう。そのままの状況で日常生活の簡単な動作をして妊婦の生活を疑似体験します。靴下をはく、しゃがんで立つ、物を拾う、階段を昇る、などをしてみましょう。

　その後に、子どもの父親・母親の気持ちを想像してみます。親は

生まれてくる子どもに対してどんな気持ちなのか（**考えてみよう**②）、またどんな子になって欲しいと思うか（**考えてみよう**③）を考えてもらいましょう。**考えてみよう**②では、「どんな子が産まれるかなあ」「無事に産まれてほしい」、**考えてみよう**③では、「元気な子になってほしい、優しい子になってほしい、幸せになってほしい」といった答えが挙げられます。親は子どもに対して、"将来偉い子になってほしい"、"出世してほしい"といった気持ちよりも、とにかく"元気で産まれてほしい"、"優しい子になってほしい"といった気持ちをもっていることを参加者に知ってもらいましょう。

次に一歩進めて、もし自分の子どもが被害（暴力被害、性被害）に遭ったらどんな気持ちになるか（**考えてみよう**④）、さらに今度は自分の子どもが加害者（暴力、性犯罪）になったらどんな気持ちになるか（**考えてみよう**⑤）を考えてもらいます。

　考えてみよう④ 暴力被害に遭うでは、
　　「にくい」「同じ目にあわせたい」「許せない」
　考えてみよう④ 性被害に遭うでは、
　　「つらい」「殺してやりたい」「刑務所から一生出てくるな」
　考えてみよう⑤ 暴力をするでは、
　　「もっといっぱい話を聞いてやればよかった」「つらい」
　　「なぜそんなことをしたのか」
　考えてみよう⑤ 性犯罪をするでは、
　　「何でそんなことをしたのか」「これからどうしたらいいのか」
　　「どこで育て間違えたのか」
といった答えが考えられます。

自分の行った性の問題行動について考えるのはなかなか困難ですが、親の立場としてなら意外とたくさん出てくることに驚かされるはずです。参加者がその気持ちを少しでも考える体験をすることで、被害者の気持ちを考えた行動につながることが期待できます。

最後に、**チェック！**で理解度を確認しましょう。また、ひとこと感想で、自分なりに理解したこと、印象に残ったことも書いてもらいましょう。

■ 留意点

　妊婦体験では、子どもの体格が小さい場合はペットボトルの本数を減らしましょう。またリュックサックを担いでも全然重くないという参加者もいますが、一時的には重く感じないだけです。そういった場合は、妊婦さんはずっとそのままの状態でいることが想像できるよう、このワークが終わるまでずっとリュックサックを担いでもらっていてもよいでしょう。最後には大変さが多少はわかるはずです。

　参加者は自分の問題行動について、親にどう迷惑をかけたかなどをなかなか想像できませんが、逆の視点に立つといろいろと出てきます。上記以外にも例えば自分の子どもが加害者になった場合には「そんな子どもに育てた覚えはない」「親として情けない」「きっとつらいことがあったのだろう」などといった言葉が聞かれます。これが親の気持ちだというのが理解できれば、ここでの目的は達成です。

5 すてきな男性・すてきな女性になろう

ワークシート記入例 ➡124ページ〜

　ここでは性の問題行動をしないためにその行動をやめるのではなく、「すてきな大人であればどう行動するのか？」を考えることで、正しい行動ができるよう気づきをもってもらいましょう。

①二次性徴とは？

■ねらい
　思春期は身体的・精神的にも変化が起きることによって、大人に近づく時期だといえます。まずは思春期という時期のもつ意味を確認します。そしてどのような変化（身体面、精神面、対人面）が起こるのかも学びます。

■進め方
　まず参加者の思春期のイメージについて聞いてみます（**考えてみよう**）。例えば、**大人と子どもの中間、毛が生える、声変わりする、**などが出てくるでしょう。それらのイメージをもとに身体面、精神面、対人関係面からどんな変化が起こるか考えてもらい、一緒に整理していきましょう。シートの空欄には、以下のようなことがイメージできればいいでしょう。

[身体（からだ）]
- 男性は身体ががっちりしてヒゲや体毛が濃くなっていきます。射精が起こります。
- 女性は体つきが丸みをおびてきます。特に胸は目立って成長します。月経が起こるのが特徴的な変化です。

［精神（こころ）］
- 物事について複雑に、論理的に、深く考えることができるようになります。
- 他人からどう見られているかが気になるようになりますし、大人としての意識も芽生えてきます。
- 異性に対しても意識するようになってきます。

［周りの人との関係］
- 身体と精神が発達することによって、社会におけるさまざまな場面において大人とみられるようになります。
- それまでの子どもとしての対応から大人として責任や義務を負うようになります。
- 「大人⇒子ども」という縦の関係から「大人⇔大人」という対等な横の関係に変化します。

まとめると、思春期は大人に近づく時期と言えます。
右ページの枠内の身体の変化については、空欄をもうけていますので参加者に（　）に何が入るかを考えさせながら、支援者が一つずつ説明をしましょう。

■留意点

シートの右ページの枠内については、参加者の年齢によっては説明を省略してもいいでしょう。マスターベーションについては、男子は思春期からほとんどが生理的欲求の対象となるのに比べ、女子の場合は個人差もあり必ずしも自然な生理的欲求ではないかもしれません。ここではルールやマナーについて確認すればよいでしょう。

②すてきとは？

■ねらい

すてきな大人になるために、具体的にどのようなことに気をつければよいかを、外見、考え方、マナー、社会のルールの視点から学びます。

■ 進め方

シートの左端の「すてきでない男性・すてきでない女性」について参加者にそれぞれ考えてもらい、空欄を埋めていきましょう（**考えてみよう①**）。以下に例を示します。

[すてきでない男性・女性]

　見ため（外見）は？
　　不潔、服が汚い、だらしない、髪の毛がボサボサ、ヒゲをそっていない
　考え方（心のもち方）は？
　　自己中心的な考え方、冷たい、相手の気持ちを考えない、すぐキレる
　マナー（行動・ふるまい）は？
　　ゴミをポイ捨てする、並んでいる列に割り込む、大声で話す、ぶつかっても謝らず立ち去る
　社会の決まり・ルールは？
　　人の物を盗る、交通違反をする、税金を払わない、人を騙してお金を盗る、人を殴る、わいせつなことをする

それに対して、「すてきな男性・すてきな女性」について同様に考えてみましょう。例えば、以下のような感じです。

[すてきな男性・女性]

　見ため（外見）は？
　　清潔、清潔な服装をしている、髪の毛をきれいにしている
　考え方（心のもち方）は？
　　優しくなる、みんなのことを考える、キレる前に冷静に考える
　マナー（行動・ふるまい）は？
　　お年寄りに席を譲る、挨拶ができる、ゴミを持ち帰る、ゴミ箱に捨てる
　社会の決まり・ルールは？
　　犯罪をしない、法律を守る、税金を払う

これらの視点をふまえ、参加者自身に「すてきな男性・すてきな

女性」になるためにはどんな点に気をつけるかを考えてもらいます（**考えてみよう２**）。例えば、

　身だしなみに気をつける、人に親切にする、相手の気持ちを考える、社会のルールを守る、しっかり働く

などが考えられます。

　思春期は将来に期待や不安を抱きながら自分なりに大人になることについて考えています。とても大きな変化がある時期ですから、良い変化があればすてきな大人になれるでしょうし、子どものままの行動や考え方を続けていれば、周囲から見てすてきではない大人になるかもしれません。

　子ども時代はその特権もありいろいろなことをしてもまだ許されますが、大人となればそのようなわけにはいきません。自分で考え行動することが求められますし、時には周りの人を助けなければならないこともあります。そのような「**責任**」も含めて、すてきな男性・女性について一緒に考えてみましょう。

■留意点

　すてきな大人になるためには、考え方だけ大人であればいいというわけではありません。見た目やマナーも大切です。清潔さを保って、場所や目的にあった服装をすることや、場に応じた適切な行動ができることも大切です。これらは対人関係を作る上でも重要な要素となることを知ってもらいましょう。

③異性へのマナー（1）

■ねらい

　異性と接する際のマナーについて、異性との距離の取り方、異性への話しかけ方、話題、メールの送り方などについてロールプレイ（役割演技）をまじえながら練習し、異性との適切な接し方を学びます。

■進め方

　実際にロールプレイをしながら適切な方法を練習します。思春期

5 すてきな男性・すてきな女性になろう

になると異性への興味も芽生え、異性と関わることも増えてきます。同性の友人との付き合いの際はこれまで通りでも大きな問題にならないこともありますが、異性の場合にはいくつかのマナーがあります。そのマナーは明示されていないことが多く、知らないで異性に接近するとトラブルになることがあります。しかもたいていの場合、そのマナーは教えられることはありません。失敗すると異性から避けられたり、嫌われたりということもあります。マナーを知らないことは適切な異性関係をもつ上でマイナスとなるでしょう。ですので、しっかりとロールプレイをして練習しましょう。

　前提となる異性との関係は"顔見知り程度"とします。

　まずは今までどのようにしてきたかを確認するため、ヒントを読みながら**考えてみよう**に書いてみましょう（解答例：相手の予定をしっかりきく、レディファーストを心がける、身だしなみをきちんとする、重い荷物などを持ってあげる、暴力をふるわない、親切にする、など）。

　異性へのマナーは数多くありますが、**やってみよう**では出会ってからメールをするまでの場面を、以下のワークでロールプレイを交えてやってみましょう。役割は性別を分けた方がいいでしょう。

「ワーク１：異性との距離の取り方」の進め方
　まず**考えてみよう**で、異性との適切な距離について考えてみましょう（解答例：近すぎない、遠すぎない、1mくらい）。
①男性と女性が間隔を数メートルあけて向かい合って立ちます。
②近づく役（男性）は相手に向かって少しずつ歩きながら近づきます。
③相手は「顔見知り程度の知り合い」ならこのくらいの距離がよい、と感じたところで「ストップ」といいます。この距離が相手にとって安心できる距離になります。
④そのとき、手を伸ばしてお互いの距離を測ってみましょう（通常、お互いの手が触れ合わないギリギリの距離くらいが異性と話すときの適切な距離の目安となります）。
⑤さらに一歩離れたとき、または一歩近づいたときにどんな感じがするか、相手の感想を聞いてみましょう。
　（③では、相手がストップという代わりに、他の参加者たちに言っても

らってもいいでしょう。参加者によって距離感が違うことがわかります。)

「ワーク2:異性に話しかけるとき」の進め方

　まず**考えてみよう**で、異性に話しかけるときに何に気をつければよいかを考えてみましょう(解答例:**今話していいか聞く、適切な距離を取る、笑顔、視線の向き、声の大きさ、名前を言う**、など)。

①話しかけられる役(できれば女性)は、相手に背中を向けて立ちます。

②話しかける役は、まず今までやってきたやり方でやってみましょう(例:いきなり近づいて自分の用件を話そうとする、ボディタッチをする、など)。

③話しかけられる役と他の参加者に感想を言ってもらいましょう(例:いきなりで驚いた、触られたら気持ち悪かった、いい感じだったが視線が合ってなかった、笑顔ならもっとよかった、など)。

④その感想を聞いて、どのように相手に気づいてもらうか、何と言って声をかけたらいいかなどを考えてもう一度やってみましょう(例:**適切な距離をとり、まず相手に顔を向け、笑顔で挨拶をして、話す時間はあるか聞いてみる**、など)。

⑤話しかけられる役は、どう変わったか感想を伝えてあげましょう(例:最初と比べてとてもよくなった、これなら話したい気持ちになった、など)。

「ワーク3:異性とおしゃべりするときの話題」の進め方

　まず**考えてみよう**で、異性とおしゃべりするときにどのような話題がよいかについて考えてみましょう(解答例:**スポーツの話題、好きな食べ物、好きな歌手、天気、相手に合わせる**、など)。

　ワーク2と同様に話しかけられる役(できれば女性)と話す役を決め、特に以下の点に注意しながらロールプレイを進めてみましょう。ロールプレイ内容へのフィードバックは**ワーク2**と同様に、相手や他の参加者の感想を聞いて、再度行っていきます。

- 会話の内容が不適切ではないか?(例えば、いきなりプライバシーに触れる内容を聞くなど)
- 距離や視線の向き、声の大きさは適切か?(距離が近すぎないか、視線は合っているか、声が大きすぎたり小さすぎたりしないかなど)

- 相手が興味のある話題は何だろうか？（自分の興味のある話ばかりに偏っていないかなど）
- 会話を続けるためにはどうすればいいか？（天候やニュースなど共通の話題などを思いつくかなど）

「ワーク４：異性へのメールの送り方」の進め方

　まず**考えてみよう**で、異性とメールをするときにどのようなことに気をつけたらいいかについて考えてみましょう（解答例：メールを送る間隔を考える、丁寧語を使う、変なことを書かない、など）。

　場面を想定（例えば異性をデートに誘う等）して、メールを以下の点に注意しながら実際に書いて相手の異性に手渡しで交換してみましょう。ここでも、ロールプレイ内容へのフィードバックは**ワーク２**と同様に、相手や他の参加者の感想を聞いて、再度行っていきます。

- 最初の挨拶はできているか？
- 言葉遣いは適切か？
- その他、メールをする回数、内容、時間帯など気をつけた方がよいことも考えてみましょう（短時間に何度もメールを送っていないか、一方的な内容になっていないか、深夜にメールを送りつけていないか、など）
- 断られたときもきちんと返信できるか？（断られてキレたりしないか、など）

■留意点

　上記のロールプレイの内容については受け取り方に個人差があり、不適切な言動をされても不快に感じない人もいますが、より多くの人が感じるだろう基準を伝えていきましょう。参加者は恥ずかしがって最初はなかなか参加したがりませんが、適切な行動は実際のロールプレイを通してでないと身につかないことをしっかり説明して動機づけにしましょう。

④異性へのマナー（2）

■ ねらい

異性とお付き合いをするときのマナーについて、告白から性的な関係まで順を追って、どのようなものがあるかを学んでいきます。

■ 進め方

告白するとき、デートをするとき、普段の関わりのとき、身体的な関わりのときに分けて、マナーについて考えてもらい発表し、グループで話し合ってみましょう。それぞれの注意点は以下の通りです。

告白するときのマナー（考えてみよう１）

異性を好きになることは特別な感情ではなく、その好きになった相手とお付き合いしたいという気持ちも自然なことです。告白はお付き合いする前に相手にその気持ちを伝えるという最初のイベントです。相手からOKをもらえて初めてお付き合いがスタートしますのでこの過程をスキップすることはできません。以下の点に注意してみましょう。ただし相手に断られることもあります。

- 告白の方法は？（例えば、**メールではなく直接会って告白する**、など）
- 告白する場所は？（例えば、**周りに人がいない静かな場所で告白する**、など）
- 告白する時間は？（例えば、**早朝や深夜ではない時間に告白する**、など）
- 伝える内容は？（例えば、**もしよければ付き合ってくださいと、しっかりと自分の気持ちを伝える**、など）

デートするときのマナー（考えてみよう２）

告白して相手からOKをもらい初めてデートすることになりました。以下の点に注意してみましょう。

- どこに行くのがよいでしょうか？（例えば、**遊園地や映画館など、お互いが楽しめるようなところでデートする**、など）

- どんな過ごし方をすればいいでしょうか？（例えば、デート中に携帯電話・スマートフォンばかり触らない、など）
- 時間は何時頃がいいでしょうか？（例えば、朝の早すぎる時間や、夜の帰りが遅すぎるようなことは避ける、など）
- 予算はどれくらいでしょうか？（例えば、一度に大金を使いすぎない、など）
- お互いにできる範囲はどのくらいでしょうか？（例えば、最初だからといって無理して高級レストランに行ったりはしない、など）

普段の関わりでのマナー（考えてみよう3）

お付き合いを始めて数週間が経ちました。以下の点に注意しましょう。

- どのくらいの頻度で会うのがいいですか？（例えば、毎日会わず週に1回くらいにしておく、など）
- どんな話をしますか？（例えば、自分の興味のある話ばかりしない、など）
- 相手に、「他の異性と話すな」と束縛してもいいでしょうか？（例えば、過度に相手を束縛しない、など）
- 付き合っているからといって相手の携帯メールを勝手に見てもいいでしょうか？（例えば、勝手に相手の携帯メールを見ない、など）
- 相手が不愉快なことをした場合、相手に対して怒鳴ったり暴力を振るったりするのはいいでしょうか？（例えば、けんかしても怒鳴ったり、殴ったりしない、など）

身体的な関わりでのマナー（考えてみよう4）

お互いの気持ちが一致し双方の同意が得られたときに身体的な関わりに及ぶことがあります。身体的な関わりには、相手の身体に触れる、抱き合う、キスをする、性交（セックス）するなどの段階があります。性欲に基づく身体的な行為を「性行為」といいます。以下の点に注意しましょう。

- 身体的な関わりをする場所は？（例えば、公共の場などは避ける、など）
- 相手が急に嫌がったときは？（例えば、相手が嫌がったら無理やり

しない、など）
- 性交する際に避妊用具の用意は？（例えば、性交する場合には必ず避妊用具をつける、など）
- 女性が月経（生理）のときは？（例えば、女性が月経のときは性交は控える、など）

最後に、 チェック！ で理解度を確認しましょう。また、ひとこと感想で、自分なりに理解したこと、印象に残ったことも発表してもらいましょう。

■ 留意点

このワークは「③異性へのマナー（1）」をさらに深める内容になっています。異性との関係が深まればお付き合いするということにも発展するかもしれません。彼氏・彼女の関係となっても、その深さは人によってまちまちですし、ルールもあります。何をしても許されるということではありません。これらのルールを破れば性の問題行動につながることもあります。お互いに勘違いしないように、よい関係を作りながら愛情を深めていきたいものです。

また現在、男女が知り合うきっかけの一つにSNS（例えば、LINE, Facebook, Twitter）などがあり、実際に会うことなくその関係が深まる場合もあります。しかし実際に会ってみると雰囲気が全く違っていてトラブルになることや、告白やデートなどを経ずにいきなり身体的な関わりに進展することもあります。また金銭を要求されるといった、そもそも悪意のある出会いなど、さまざまな危険性が潜んでいますので、そのあたりも話し合っておきましょう。

6　相手の気持ちを考えよう

ワークシート記入例　➡132ページ〜

　ここからは被害者の気持ちを考えるワークに入ります。①友だちとのトラブル、②女性を怖がらせてしまう行為、最後に③性の問題行動を起こす場合について、ロールプレイを行いながら被害者・加害者の立場の違いを考えます。

①友だちと遊んでいて

■ねらい

　友だちと遊んでいたときに自分の大切なものを盗られたケースを通して、ものを盗られた人の気持ちを考えてみます。

■進め方

　友だちが自分の家に遊びに来たという設定で、あなたの大切なものが盗まれた場面です。たろう役、かずや役を決めてシートの左側のシーンを演じてもらいましょう。状況が把握できたら、下段の確認欄でどちらが被害者か加害者かを線でつなぎます（かずや：**被害者**、たろう：**加害者**）。

　次の**考えてみよう**では、それぞれのシーンのセリフを参加者に考えさせ実際に言ってもらいましょう。セリフの内容は自由です。たろう役は実際にはかずやの大切なものを盗りましたが言い訳をするセリフを考えてみましょう。大切なものは参加者に自由に考えてもらいましょう（例えば、財布など）。

　例えば、1では、
　たろう「ボクが盗んだって言うのか？　証拠はあるのか？」
　2では
　かずや「たろうは嘘をついている、あいつが犯人にきまっている、

殴ってやりたい」「気持ち：怒り」
また、
あなた「どうしてそんなことするの？　自分がされたらどんな気持ちになるの？　もう二度と遊ばない」「気持ち：悲しい」
などが考えられます。

■ 留意点

　性的な問題行動を起こしている子どもの中には、万引きや窃盗を繰り返している子もいます。万引きや窃盗は健全な生活を送ることに逆行し、性の問題行動のリスクを高める可能性もあります。盗む側からすれば被害者の気持ちはなかなか想像できないものですが、疑似的に被害者の立場にたつことで、その気持ちを想像することは可能です。これは性の問題行動を行った被害者の気持ちを理解する上でも同様に役に立つでしょう。

②女性と関わりたい場面で

■ ねらい

　女性と関わりたいと思っている男子が、うまく関われずに結果としてストーカーのようになってしまう場面です。相手の女性や家族の気持ちについて考えてみます。

■ 進め方

　まさきは、はな子のことが好きです。はな子を見つけたまさきは声をかけたいのですが、どう話しかけていいかわかりません。そして毎日のようにはな子の後をつけ、ストーカーのようになってしまったという場面です。支援者が参加者の中から、はな子役（できれば女性で）とまさき役を決めて、2人に左側のシーンを演じてもらいましょう。状況が把握できたら、下段の確認欄でどちらが被害者か加害者かを線でつなぎます（はな子：被害者、まさき：加害者）。
　次に**考えてみよう**のそれぞれのシーンのセリフを参加者に考えさせ実際に言ってもらいましょう。例えば、1では、
まさき「後をつけてないですよ。たまたま同じ方向だっただけですよ」

と言い訳をするかもしれません。その言い訳を聞いたはな子は、2で

　　はな子「嘘をついてる。ずっとついてきてたくせに。気持ち悪い」「気持ち：怖い」

また、

　　あなた「はな子が怖がっているだろう！　いいかげんにやめろよ」「気持ち：怒り」

などが考えられます。

　最後にまさきのとるべき好ましい行動についても考えてみましょう（例えば、学校帰りの場面：マナーを守って話しかけてみる。好きでも後をつけたりしない、など。先生から注意された場面：言い訳をせずに正直に先生に話して、相談してみる、など）。

■留意点

　発達障害や知的障害をもった子どもは相手の気持ちを考えるのが苦手です。しかしそれは多くの場合、感じ方に問題があるわけではありません。"相手の気持ちを考える"ことは、①相手の立場にたつ、②その位置で気持ちを想像してみる、から成ります。この①の相手の立場にたつということが難しいのです。

　そのような場合、このワークのように役割を決めてまず相手や親の立場にあえて立たせてみます。そこで本人になりきり、その位置で考えてみるということを練習すれば、相手の気持ちも考えられるようになります。ですので、ここでは本人になりきることに注意しましょう。役になりきることで相手の気持ちに近くなることができます。

③性の問題行動の場面で

■ねらい

　幼い女の子を相手に性の問題行動を起こしてしまったという場面です。幼児を狙った性の問題行動には、幼児が嫌な気持ちを抱くことを想像できず行動化したケースもあります。ここでは相手の女の子や家族の立場にたって気持ちを考えてみます。

■ 進め方

　たけしは公園で遊んでいるともみ（幼い女児）を見つけます。そこで、ともみをトイレに連れ込んで性の問題行動を起こしました。支援者が、たけし役、ともみ役（できれば女性）をそれぞれ決め、2人にシーンを再現してもらいましょう。状況が把握できたら、どちらが被害者か加害者かを答えます（たけし：**加害者**、ともみ：**被害者**）。

　次に**考えてみよう**のそれぞれのシーンのセリフを参加者に考えさせ実際に言ってもらいましょう。例えば、1では

　たけし「そんなことしてませんよ。ともみが嘘をついています。ともみから誘ってきたんです」

と言い訳したり、2では、

　ともみ「嘘だ！　楽しいことって言うからついて行ったのに、パンツを脱がすなんてとっても怖かった」

また、

　ともみの両親「刑務所とかに入れてほしい。一生出さないでほしい」

などが考えられます。

　さらに、たけしのとるべき好ましい行動についても考えてみましょう（例えば、公園での場面：公園から離れる、話しかけない、話しかけても二人きりにならない、など。先生から聞かれた場面：言い訳をせずに正直に先生に話して、相談してみる、など）。

　最後に、 チェック！ で理解度を確認しましょう。また、ひとこと感想で、自分なりに理解したこと、印象に残ったことも発表してもらいましょう。

■ 留意点

　発達障害や知的障害をもった少年たちが行う性の問題行動には、このような幼児を狙ったパターンもみられます。幼児（ともみ）の立場や親の立場にたって考えることが難しい場合、"自分が結婚して可愛い娘が生まれて、その子が性の被害に遭ったら？"、"自分の妹もしくは自分の彼女が性の被害に遭ったら？"など、自分にとって大切な人が被害に遭ったケースに置き換えてみましょう。

7　あなたの性への考え方は？

ワークシート記入例 ➡138ページ～

■ねらい

参加者が性についてどのように考えているか、その考え方は他のみんなと比べてどう違うのかなど、性への考え方に対する気づきを与えるワークを行います。

■進め方

まずワークシートの問いに参加者で考えてもらい、線上に○をつけてもらいます。その後、グループで話し合いを行うために下図のようにホワイトボードにスケールを引き、名前を書いた紙をそれぞれが○をつけた場所にマグネットで貼り付けます。そして名前の位置と同じくらいの位置に椅子を移動させます。下図の例は「男と女、生まれ変わるとしたらどちらがいいでしょうか？」です。

```
男性100% ←――――――― 0% ―――――――→ 女性100%

 Cさん   Aさん        Bさん       Fさん   Gさん   Eさん
                      Hさん                       Dさん
```

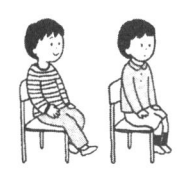

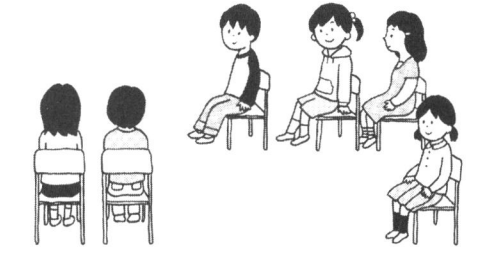

91

> ワークシートの使い方

　場所が決まったら、それぞれがなぜそう思ったのかについて、一人ずつ発表してもらいますが、順番は100%に近いところから行います。100%はより偏った意見が多いからです。発表内容がわかりにくければ、支援者がわかりやすくまとめて皆に伝え直してあげましょう。

　全員の発表が終わったら、他者の意見を聞いてスケール上の位置が変わったかどうかを確認します。そしてどうして移動したのか理由を聞きます。さらにその理由を聞いて他に移動するメンバーがいないか確認します。移動者がいなくなれば、支援者は他のメンバーの意見に対してどう思うかをそれぞれに聞いていきます。例えば男性が100%いいと思っているCさんが「男の方が偉くなれるから男の方がいい」と言ったとすると、女性の方が100%いいと思っているDさんに意見を聞いてみます。するとDさんから「女性でも偉くなっている人はいっぱいいるし、それに女性はみんなが助けてくれる」などといった意見が出ます。そのようなやり取りを聞いて移動するメンバーがいれば移動してもらい、その理由を聞いていきます。ひょっとするとCさんが少し女性寄りに考え方を変えるかもしれません。

　もし参加者の〇の位置がどちらかに偏ってしまうようでしたら、あくまで加勢目的であることを伝えた上で、補助者が反対側に加勢して、より活発な話し合いができるよう揺さぶりをかけてみましょう。そして支援者は、それぞれの側が他のメンバーを自分たちの方に少しでも近づけるよう意見を引き出させます。

　それぞれの問題の理由について実際に出てきた解答例を示します。

①男と女、生まれ変わるとしたらどちらがいいでしょうか？
　100%男　理由：男の方が力が強いから。
②深夜の暗い夜道を、ミニスカートをはいた女性が一人で歩いていたとき、その女性が性被害にあいました。その女性は悪いでしょうか？
　90%悪い　理由：ミニスカートをはいているのは、襲ってくださいって言っているから。でも襲った男も少し悪いので。
③男性が女性をナンパしました。それについて行った女性は、性的な行為を望んでいるでしょうか？

100％望んでいる　理由：望んでいなかったらついて行かないから。

④20歳の時に性被害にあった女性は80歳になったら、そのことをもう忘れているでしょうか？

100％忘れている　理由：30歳くらいまでだったら覚えてるけど、さすがに80歳では忘れていると思うから。

⑤下着を盗まれるのと痴漢にあうのとでは、どちらの方が心に傷がつくでしょうか？

50％痴漢にあう　理由：痴漢は直接触られるから。下着はせっかく買ったのに悔しいから。

⑥女性を襲うことを想像するだけなら、実際には襲っていないので問題はないでしょうか？

80％問題はない　理由：実際にはやってないから。でもそれがきっかけになるかもしれないから、20％はだめと思うから。

■ 留意点

このワークの目的は参加者に性の認知の歪みを正させることではなく、他者の意見を聞いて自己の考え方が本当に正しいのか、といった気づきを与えることです。ですので、支援者は参加者の意見を否定したり、自己の意見を押し付けることは控えねばなりません。

また性の問題行動を行ったからといって必ずしも性の認知に歪みがあるとは限りませんし、逆に性の認知に歪みがあると必ず性の問題行動につながるわけでもありません。支援者の中でも性に関して価値観の違いがありますので、一度、支援者だけでこのワークを行ってみてもいいかもしれません。

8 なぜ性の問題行動を起こしたのかを考えよう

> ワークシート記入例 ➡140ページ～

■ねらい

参加者がそれぞれの性の問題行動に至った理由を考えることで、自分の行動のパターンや危険なサインを知っておきましょう。

■進め方

性の問題行動の背景にはさまざまな問題があります。発達障害や知的障害をもった子どもによくみられるのが、学校でのイジメや家庭内の問題などのストレスが原因となっている場合です。また本人が性的な被害に遭っている場合もあります。

ここでは **2**（18ページ）で作った「人生山あり谷ありマップ」をもとにして、性の問題行動につながっていった出来事、ストレス、気持ち、考え方などを織り交ぜて、シートを完成させてみましょう。シートの記入枠が最初は1枚で足らないようであれば、シートを何枚かコピーしてどんどんつなげていきましょう。例を載せてありますので参考にしてみてください。

完成したら支援者がみて、記入した枠内の内容に対する質問を右のふきだしの中に書いていきます。参加者はそれを読んでさらに内容を深めていきます。支援者は内容に疑問点がないか、矛盾がないか、皆が納得できそうな内容かなどをチェックしましょう。

グループで行う場合は最初に決めたルールに従って、1人ずつ順番に発表していきます。他のみんなは矢印のつながりや内容で理解できないところがあれば質問しましょう。発表者自身が曖昧に感じていることでも、みんなから質問を受けることで問題行動に至った理由をすっきり理解できるようになっていきます。シートは、1回で完成させるのはとても難しいので、支援者やみんなの意見を聞い

た上で何度も書き直して完成させましょう。最終的にはシートの枠が5段階になるようまとめてください。

ここでA君、B君以外の例を示します。下線部が先生からの質問で追加・修正したところです。

学校で毎日のようにイジメにあってきた。ずっと我慢していたが、<u>誰も止めてくれず</u>学校に行くのがいやになった。
⇓
親に相談したら、「男だったらそんなことくらいで学校を休むな」と言われた。<u>先生</u>にも相談できずにストレスがたまってきた。
⇓
学校から帰って外に出かけたとき、公園に近所の知っている女の子がいた。何かストレス発散をしたくなってきた。<u>自分より弱い相手が欲しかった。</u>
⇓
その女の子を公園のトイレに連れていって、触ったら、イライラした気持ちがマシになった。<u>相手は黙っていたので嫌がってないと思った。</u>
⇓
この子はおとなしい子だから、触ってもばれないと思ったので、別の日も、何回かトイレに連れていって触った。<u>女の子には誰にも言わないでねと口止めした。</u>

■留意点

この場は参加者を責める場ではありません。参加者に否定的なメッセージを伝えると、防衛的、消極的になり逆効果になりかねません。さらに、「性欲が強いからだ」「女性を支配したいからだ」といった決めつけを前提とした理由を押し付けることも避けましょう。

またグループで行う場合、どうしても発表を嫌がる場合は無理強いはしない方がいいでしょう。他の参加者の発表を聞くだけでも気づきを得ることができます。

9 性の問題行動を止めよう

ワークシート記入例 ➡142ページ～

　今後、性の問題行動を止める対処方法について考えます。前回 8 で作成した性の問題行動に至った理由のシートをもとに各段階において具体的な対処方法を考え、他の参加者の意見も参考にしながらそれぞれの対処シートを完成させます。

①対処法と性のルール

■ねらい

　8 で明らかにした性の問題行動に至った理由に対して、今後どう対応していけばいいのか、その方法について考えます。また性に関する法律やルールも確認します。

■進め方

　シートに挙げられている例を見ながら、参加者に作成の仕方を説明してください。ここに進む前には前回 8 で作成したシートを 5 段階にまとめてください。

　また性に関する法律・ルールを知らなかったといったケースもあります。特に誤解されやすい点について右ページにクイズ形式でまとめていますので、参加者に答えてもらいましょう。答えはいずれも NO です。以下に各項目について簡単に解説します。

　1. 小学生は 13 歳未満です。13 歳未満の子どもに対しては、どんな場合であっても強制わいせつ罪となります。

　2. 胸や性器以外でも、たとえ手でもあっても相手が嫌がることを無理に行うと犯罪になります。

　3. すぐに犯罪となるわけではありませんが、ストーカー行為につながりますので好ましい行動ではありません。

4. 青少年保護育成条例の中で、「何人も18歳未満の青少年に対して淫行またはわいせつな行為をしてはならない」とあります。ただしお互いに恋愛感情があり、真剣に交際していれば条例違反にはならない可能性があります。ここではA君はB子さんのことを好きではなく、自己の性的欲望を満足させるための対象として扱っているので条例違反です。

5. 児童ポルノ禁止法により自己の性的好奇心を満たす目的で、児童の陰部などが写っている写真を持っているだけでも処罰の対象となります。

6. B子さんの要望があったなら問題はないですが、最初は嫌がっており、その後はおそらく襲われるといった恐怖を感じたため、おとなしくなった可能性があります。ですので強制わいせつ未遂に相当するかもしれません。

7. B子さんは特別支援学級に在籍しているので、場合によっては判断能力がないとみなされます。そうなるとA君は強制わいせつ罪に相当する可能性があります。

上記の中で4や5は特に要注意です。これらをふまえた上で、次のワークに移りましょう。

■留意点

性の問題行動をする発達障害や知的障害をもった少年たちの特徴に、実行機能が低いという報告があります。実行機能とは、ある目標に向けて計画を立てて随時修正を行いながら実行する機能です。性の問題行動は、ある目標に対して間違った計画を立てて実行した結果の一つとも考えられます。例えば、「いじめでストレスがたまった。ストレスを発散したい（目標）⇒ わいせつな行為をしてすっきりしよう（計画）⇒ 性の問題行動をする（実行）」「女性と付き合いたい（目標）⇒ 大人の女性と話すのが苦手だから子ども（女児）にしよう（計画）⇒ 女児に近づく（実行）」といったものです。

実行機能が低い、つまり不適切な対処方法や、ネガティブな感情をもっていれば必ず性の問題行動のリスクが高まる、というわけではありませんが、不適切な対処方法を選択するとますますネガティブな感情につながり、どんどんと悪循環に陥ります。ですので、できるだけ早い段階（シートの上の方）で対処できるようになることが大切です。

②あなたができる方法

■ ねらい

　性の問題行動を二度と起こさないように、自分に合った具体的な対処方法を考えます。さらに本当にそれで大丈夫かどうかを各参加者にも確認してもらい、もうこれで大丈夫だといえる自分のシートを完成させましょう。

■ 進め方

　ワークを始める前に**8**のシートを完成させておきましょう。**8**のシートの内容を左の5つの枠の中に写し、前回の①と同様に、対処方法について考えてもらいましょう。そして考えた対処方法に対して支援者は質問を書きましょう。グループではみんなの意見を聞いてみましょう。対処法のポイントは、"現実的な方法か？""具体的な方法か？""ほんとにうまくいくか？"などです。支援者や他の参加者からアドバイスを受けて対処法を修正し、完成させましょう。

　対処法の例として、怒りなどのストレスを感じる段階では「違った考えをしてみようシート」を使用する、スポーツをする、好きな趣味をする、大人に相談する、などがあります。

　アダルトビデオなどから刺激を得たことがきっかけになった段階では、できるだけ刺激から遠ざける工夫が必要です。ここでは家族の協力が必要になってきます。

　行動に移る直前の段階では、その行動を止めることの一つとして、被害者の気持ちを考える、ということも必要ですし有用です。しかし発達障害や知的障害をもった少年は相手の気持ちを想像することが難しい場合もあります。ですので、「もしバレたらどうなるか？」を想像させる（警察に逮捕される、矯正施設に入れられる、友人にばれる、家族が悲しむなど）方が効果的かもしれません。ここで日本ではどのような司法システムになっているかを説明してもいいでしょう（警察、少年鑑別所、家庭裁判所、少年矯正施設の役割など）。

　以下に例を示します。

学校で毎日のようにイジメにあってきた。ずっと我慢していたが、誰も止めてくれず学校に行くのがいやになった。

← 我慢する（対処法）
　　← これからも本当に我慢できますか？　先生に相談をしてみましたか？（先生）
　　← 学校の先生に相談してみる。他に相談できる人を探す（対処法）
　　　　　　　　　　⇩
親に相談したら、「男だったらそんなことくらいで学校を休むな」と言われた。先生にも相談できずにストレスがたまってきた。
　　← ストレスを発散するために何かする
　　← 具体的に発散できる方法はありますか？
　　← スポーツをする、好きな趣味をする、音楽を聴く、漫画を読む、絵を描く
　　　　　　　　　　⇩
学校から帰って外に出かけたとき、公園に近所の知っている女の子がいた。何かストレス発散をしたくなってきた。自分より弱い相手が欲しかった。
　　← 触ろうとする考え方をやめる
　　← 具体的にはどうやってその考え方をやめますか？
　　← 被害者の気持ちを考える。女の子を見たらその場から立ち去る
　　　　　　　　　　⇩
その女の子を公園のトイレに連れていって、触ったら、イライラした気持ちがマシになった。相手は黙っていたので嫌がってないと思った。
　　← バレなきゃいいという考えをやめる
　　← それだけで十分ですか？
　　← バレなくてもダメだと思いだす。自分が逮捕される場面を想像する。自分が少年院や刑務所に入る姿を想像する

■ 留意点

　参加者には自分がひどい人間なのではなく、やった行動がひどいのだ、だから行動を変えよう、といった伝え方をするとよいでしょう。本人を責めると自尊心が下がり余計に悪化することもあるからです。またもし被害者の気持ちを考えさせるなら、参加者にとって一番大切な人を挙げさせ、「その人が被害に遭ったらどう思うか？」を想像させてみるとよいでしょう。

10 新しい自分になろう

ワークシート記入例 ➡ 146 ページ〜

■ ねらい

最初に立てた個別目標が達成できたか、できなかったならその理由も考えます。また全体を通しての感想や最初に行った自己認知とどう変わったかを確認します。

■ 進め方

参加者に最初に立てた個別目標が達成できたかを振り返ってもらいます。理由も書いてもらい、みんなで発表しましょう。例えば、「まあまあできた」に○を付けると、その理由として次のようなことが予想されます。

　　被害者の気持ちがわかった。
　　感情もかなりコントロールできるようになった。
　　女性とうまく話すコツがわかったのでやってみたいと思う。

もし、うまくできなかったことがあれば、その理由も聞いてみましょう。理解が不十分だったところは、時間があれば個別にもう一度ワークに取り組ませてもよいでしょう。グループワークであれば、再度違うグループに入ってもらってワークを行うのもよいでしょう。

またワークを通して学んだことや感想なども書いてみんなで発表しましょう。

実際に出た感想の例を以下に挙げます。

- とても楽しかった。また参加したいです。
- とても役に立ちました。もう二度と性的なことはしないと思います。

最後に「**2. 自分を知ろう ②自分ってどんな人？**」と同じ質問に再度答えてみて、最初とどう変わったかを比べてみましょう。以下に変化の例を紹介します。最初に書いたものが「⇒」の左側、プログラム終了時に書いたものが「⇒」の右側の内容です。（　）は本人の感想です。参加者は、より自分のことがわかってきた感じが得られると思います。

自分の好きなところはどこ？
　　やさしいところ　⇒　素直なところ（性の問題行動をしていて優しいというのはおかしかった）

自分の良いところはどこ？
　　何でもがんばるところ　⇒　何でもがんばるところ

自分の嫌いなところはどこ？
　　すぐにカッとなるところ　⇒　すぐにイライラするところ

自分の悪いところはどこ？
　　すぐにあきらめるところ　⇒　人の話を聞かないところ

自分ってどんな人だと思う？
　　普通の人　⇒　最低なやつ（性の問題行動をしていて普通というのはおかしかった）

友だちからどう思われていると思う？
　　面白いやつ　⇒　かわいそうなやつ

先生からどう思われていると思う？
　　嫌われている　⇒　頑張っている（頑張っているので評価してくれていると思う）

親からどう思われていると思う？
　　本当はいい子　⇒　ほんとに大丈夫か？

昔はどんな人だった？
　　やんちゃ　⇒　いい気になっていた（今から思うと恥ずかしい気持ちになった）

どんな人になりたい？
　　人から尊敬される人　⇒　人の役に立てる人

どんな人にはなりたくない？
　　同じ誤りを何度もする人　⇒　人に迷惑をかける人

■留意点

　自己理解に変化がないからといって、何も変わっていないということではありません。皆に迷惑をかけるような言動が多かった参加者や不真面目だと思われていた参加者が、最後の感想で予想外に素晴らしい感想や意見を言って、こちらが思っている以上に彼らの心に響いていたのだとハッとさせられることもあります。

附録　脳を鍛えよう

ワークシート記入例 ➡148ページ〜

　ここで性犯罪者の脳機能と新しい治療の可能性について紹介します。性犯罪者の脳機能や認知機能についてこれまでいくつかの報告がなされていますが、それらの見解は統一されていません（Joyal et al., 2007）。例えば成人の性的逸脱者の左前頭側頭葉機能の低下、言語能力、遂行機能の低下（Joyal et al., 2007）、少年の性犯罪者の認知機能については、ワーキングメモリや注意保持・抑制などの注意機能といった基礎的な遂行機能、そして流暢さにおける低下（Kelly et al., 2002）などが指摘される一方で、性犯罪者とそれ以外の犯罪者とでは両者のIQや神経学的な差はみられないといったいくつかの報告もあります（Blanchard et al., 2006; Butler & Seto, 2002; Dolan et al., 2002; Ford & Linney, 1995; Jacobs et al., 1997; Seto & Lalumiere, 2010; Tarter et al., 1983）。

　これら一致しない要因について筆者らの一仮説（Miyaguchi et al., 2014）を紹介したいと思います。これまでの既往研究では対象者の平均知能（IQ）が比較的高い、もしくは高いIQと低いIQが混在しIQの統制が不十分でした。そこでこのことが見解の不一致につながっているのではと考えました。そこで知的障害をもった性非行少年と知的障害をもち性以外の非行を行った少年、知的障害をもたない性非行少年と同様に知的障害をもたず性以外の非行を行った少年について、日本版BADS遂行機能障害症候群の行動評価などを用いて遂行機能の検査を行い各群の違いについて調べました。その結果、知的障害をもった性非行少年は、注意の転換、処理速度、ワーキングメモリ、展望記憶において知的障害をもった性非行以外の非行少年よりも有意に低得点だったことがわかりました。一方で知的障害をもたない非行少年においては、性非行とそれ以外の非行を行った少年の間で検査結果に有意な差はみられませんでした。これらの結果から以下のことが推測されました。

①性非行少年の神経心理学的な特徴は低IQの場合にのみ表れること
②それらの特徴（機能障害）は脳のある特定領域の障害ではなく複数の領域の障害（ネットワーク）であることが想定されること
③まだ年齢の浅い低IQの少年でありIQが高くなればそれらの特徴が消えることから、

何らかの発達上の問題が関係している可能性があること

　つまり性犯罪はある種の発達障害ではないかという仮説です。IQ の統制はなされていませんが、この発達障害仮説を裏付けるいくつかの報告（Eastvold et al., 2011; Kelly et al., 2002; Suchy et al., 2009; Tost et al., 2004）もあります。もちろん性非行少年の中には幼少期に虐待被害（暴力や性被害など）や自動車事故などの外傷に遭っている事例も多く報告され、これら環境因・生育歴も脳機能に少なからずダメージを与えることでしょう。また性犯罪の種類も多様です（例えば痴漢、集団強姦、小児性愛、下着窃盗など）。ですので性犯罪を発達上の問題として扱うにはいくつかの条件やさらなる調査・研究が必要ですが、もし可塑性のある脳の問題が性非行・性犯罪につながっている可能性があるのであれば、彼らの治療に対しては従来から行われてきた認知行動療法を主とした各種の性非行防止プログラムに加え、処理速度やワーキングメモリ、注意の転換等を向上させるような神経学的認知機能トレーニングの併用も必要ではないかと思われます。

　ここでは参考までに、処理速度、ワーキングメモリ、注意の転換を一度にまとめてトレーニングするために筆者が考案したトレーニングシート（宮口, 2015）を紹介します。左のシートが使用例です。

　あるチェック記号（ここでは△）だけをできるだけ早くチェックしますが、△の左に事前に決められたストップ記号（ここでは○）がある場合は、その△は数えずチェックもしません。△の数を下の（　）に書いて終了です。注意点は△の数を数えながらチェックすることです。数えた数を覚えておきながら素早く、かつ抑制しながら正確に数える必要がありますので、処理速度、ワーキングメモリ、注意の変換の3つを同時にトレーニングできます。右のシートでは、チェック記号とストップ記号を事前に決め、正解数を確かめておきます。終われば正解数を伝え、間違っていればどこを間違えたかを参加者に確認させましょう。

　ワークの最初に毎回、時間を計ってトレーニングしてみましょう。慣れてきたら、チェック記号とストップ記号の数をそれぞれ2～3個ずつに設定すると難易度が上がりますので調整してみてください。

参考文献

Blanchard, R., Cantor, J. M. and Robichaud, L. K.(2006). Biological Factor in the Development of Sexual Deviance and Aggression in Males. in H. E. Barbaree, & W. L. Marshall (Eds.): *The Juvenile Sex Offender*. New York: Guilford Press.

Butler, S. M., & Seto, M. C. (2002). Distinguishing two types of adolescent sex offenders. *Journal of the American Academy of Child and Adolescent Psychiatry*, 1, 83-90.

Dolan, M., Millington, J., & Park, I. (2002). Personality and neuropsychological function in violent, sexual and arson offenders. *Medicine, Science, and the Law*, 42, 34-43.

Eastvold, A., Suchy, Y. & Strassberg, D. (2011). Executive function profiles of pedophilic and nonpedophilic child molesters. *Journal of the International Neuropsychological Society*, 17, 295-307.

Ford, M. E., & Linney, J. A. (1995). Comparative analysis of juvenile sexual offenders, violent nonsexual offenders, and status offenders. *Journal of Interpersonal Violence*, 10, 56-70.

Jacobs, W. L., Kennedy, W. A., & Meyer, J. B. (1997). Juvenile delinquents: A between-group comparison study of sexual and nonsexual offenders. *Sexual Abuse: A Journal of Research & Treatment*, 9, 201-217.

Joyal, C. C., Black, D. N. & Dassylva, B. (2007). The neuropsychology and neurology of sexual deviance: a review and pilot study. *Sex Abuse*, 19, 155-173.

Kelly, T., Richardson, G., Hunter, R., & Knapp, M. (2002). Attention and executive function deficits in adolescent sex offenders. Neuropsychological Development and Cognition, Section C. *Child Neuropsychology*, 8, 138-143.

Miyaguchi, K. & Shirataki, S. (2014). Executive functioning problems of juvenile sex offenders with low levels of measured intelligence. *Journal of Intellectual and Developmental Disability*, 39, 253-260.

Seto, M. C & Lalumiere, M. L. (2010). What is so special about male adolescent sexual offending? A review and test of explanations through meta-analysis. *Psychological Bulletin*, 136, 526-575.

Suchy, Y., Whittaker, J. W., Strassberg, D. S. & Eastvold, A. (2009). Neurocognitive differences between pedophilic and nonpedophilic child molesters. *Journal of the International Neuropsychological Society*, 15, 248-257.

Tarter, R. E., Hegedus, A. M., Alterman, A. I., & Katz-Garris, L. (1983). Cognitive capacities of juvenile violent, nonviolent, and sexual offenders. *Journal of Nervous and Mental Disease*, 171, 564-567.

Tost, H., Vollmert, C., Brassen, S., Schmitt, A., Dressing, H. & Braus, D. F. (2004). Pedophilia: neuropsychological evidence encouraging a brain network perspective. *Medical Hypotheses*, 63, 528-531.

宮口幸治（2015）『コグトレ——みる・きく・想像するための認知機能強化トレーニング』三輪書店

ワークシート
［記入例］

1　ルールと目標を決めよう

① グループのルールを決めよう

このワークブックをグループで行うにあたって必要だと思われるルールについて、参加者みんなで話し合って考えましょう。決まれば下に書いて、日付を書きサインをしましょう。

> このルールがないと安心できない、とかありませんか？

グループのルール

1　他の参加者のプライバシーをグループ外の他者に話さない

2　出された課題は必ずやってくる

3　嘘をつかない

4　積極的に参加する

5　他の人の話を最後まで聞く

私は、以上のルールを守ることを誓います。

平成 27 年 3 月 10 日　なまえ（ あかし　たろう ）

目標 このワークを始めるにあたってグループのルールや個別の目標を決める。

💡 **ここでやること** このワークブックをグループで始める場合には、まず最初にみんなでルールを決めましょう。ルールはみなさんが安心してワークを進めるために必要なものです。グループのみんなで話し合って、必要なルールをあげ、守れるかどうか考えます。ルールが決まれば、次は個別の目標を考えます。

② 個別目標を決めよう

このワークブックに取り組むにあたって、あなたの目標を決めましょう。このワークに参加して学びたいこと、できるようになりたいことを書いてみましょう。

> 感情をうまくコントロールしたいなど、性的なこと以外でもいいです。

私の目標

1　被害者の気持ちを考えられるようになりたい

2　感情をうまくコントロールできるようになりたい

3　女性とうまく話せるようになりたい

平成 27 年 3 月 10 日　なまえ（ あかし　たろう ）

1　ルールと目標を決めよう

2　自分を知ろう ①

「人生山あり谷ありマップ」を作ろう

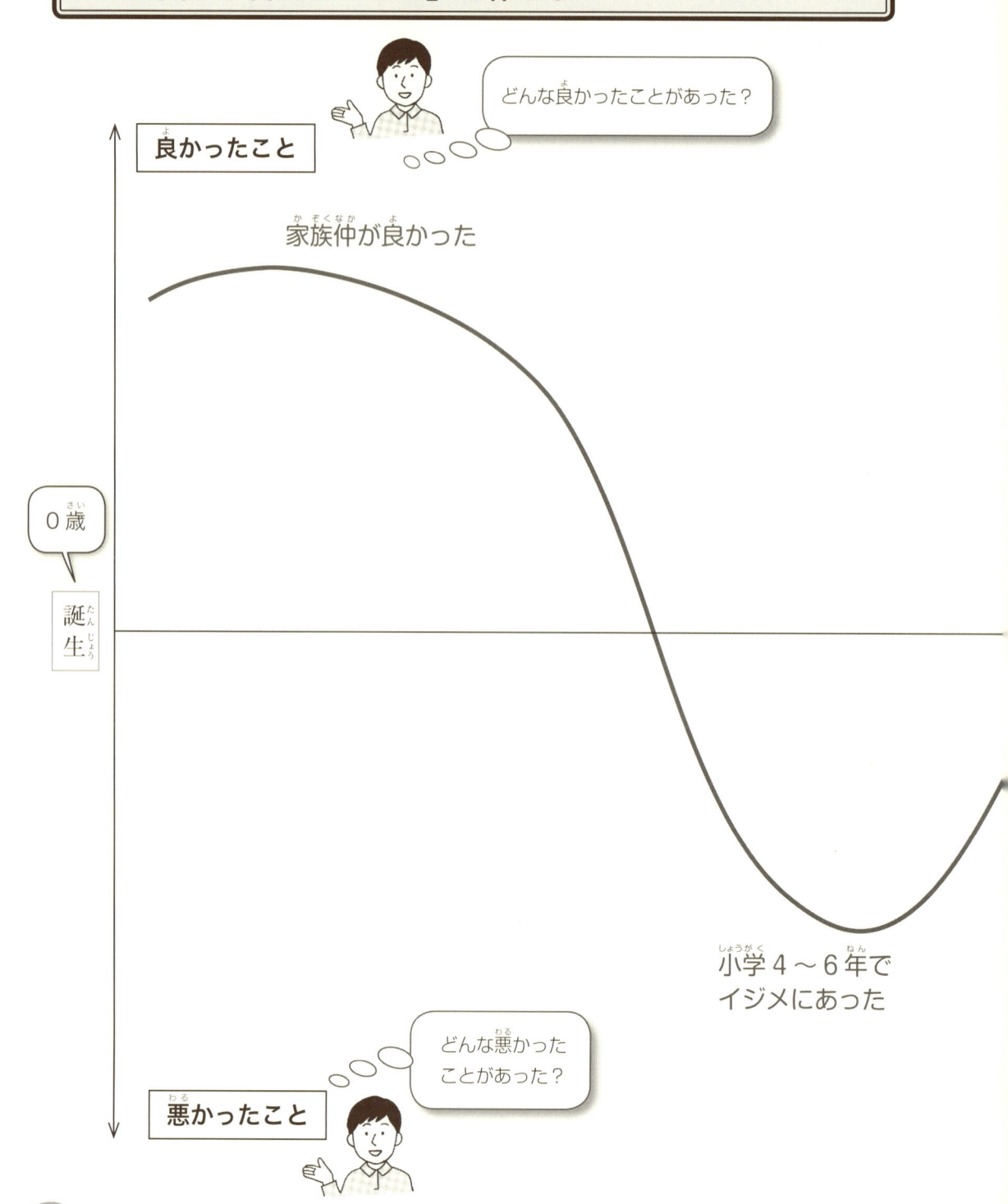

良かったこと

どんな良かったことがあった？

家族仲が良かった

0歳
誕生

小学4〜6年でイジメにあった

どんな悪かったことがあった？

悪かったこと

目標 これまでの人生をふりかえり、どのようなことがあったかを整理する。

ここでやること

これまでの自分の人生をふりかえって、「人生山あり谷ありマップ」を作りましょう。横軸は時間です。左の原点が誕生、右端が現在です。時間間隔は自由にとってください。縦軸は上方向に"良かったこと"、下方向に"悪かったこと"を表します。"良かったこと"は山、"悪かったこと"は谷として描いて、山と谷の部分にはいつ、何があったかを書きましょう。

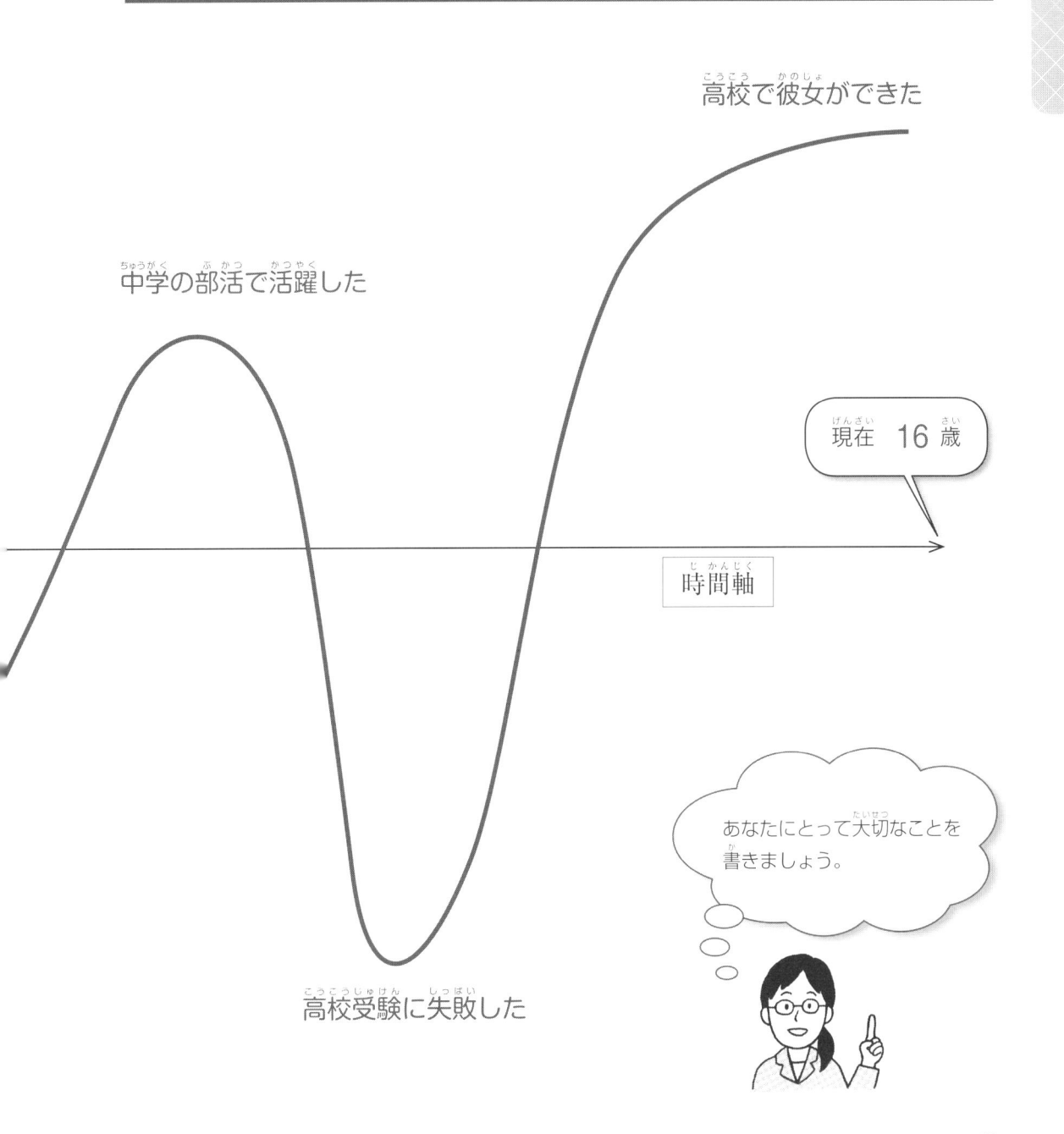

2 自分を知ろう

高校で彼女ができた

中学の部活で活躍した

現在　16歳

時間軸

高校受験に失敗した

あなたにとって大切なことを書きましょう。

2 自分を知ろう ②

自分ってどんな人？

下に自画像を描いてみましょう。

平成 27 年　3 月　21 日　　　　なまえ（ あかし　たろう ）

目標 自分はどんな人間なのかを知る。

ここでやること

あなたは自分はどんな人間だと思いますか？ どんな人になりたいですか？ ここではそれを考えましょう。

まず左下に自画像を描いて、右の質問にそって自分の良いところや悪いところを考えましょう。

2 自分を知ろう

下の質問に答えてみよう！
思い浮かばなかったり、わからないときは、"ない"、または"わからない"と書いてもいいよ。

次の質問を考えてみましょう。

自分の好きなところはどこ？	やさしいところ
自分の良いところはどこ？	何でもがんばるところ
自分の嫌いなところはどこ？	すぐにカッとなるところ
自分の悪いところはどこ？	すぐにあきらめるところ
自分ってどんな人だと思う？	普通の人
友だちからどう思われていると思う？	面白いやつ
先生からどう思われていると思う？	嫌われている
親からどう思われていると思う？	本当はいい子
昔はどんな人だった？	やんちゃ
どんな人になりたい？	人から尊敬される人
どんな人にはなりたくない？	同じ誤りを何度もする人

2 自分を知ろう ③

感情をコントロールしよう

ここでやること　日常生活の中で怒りがトラブルの原因となっていることがあります。怒りがたまるとストレスもたまります。たまったストレスを発散するために人はいろんな方法を使います。その方法を間違えれば犯罪にもなるのです。

ここで右の「違った考えをしようシート」を使って、怒りなどの嫌な気持ちを減らす練習をしましょう。日頃感じた嫌な"気持ち"を記入例のように、右のシートにそって書き込んでいきましょう。気持ちは"怒り"、"悲しい"、"さびしい"などマイナスの感情を扱います。

〈記入例〉

6月13日　場所・場面（ 学校の廊下 ）
何があった？ 　　　A君とすれ違ったとき、A君は僕の顔を見てニヤニヤして行ってしまった
あなたはどうした？　どう思った？ 　　　にらみ返した、僕のことをバカにしているにちがいない
どんな気持ち？　どれくらいの強さ？ 　　　気持ち：　怒り　　　70　％

	違った考え	気持ち	％	感　想
考え方①	いつか仕返ししてやろう	怒り	75	もっと腹が立ってきた
考え方②	そんなことで怒っても仕方ない。我慢しよう。無視しよう	怒り	40	でも思い出して腹が立つ
考え方③	ひょっとして僕のことを笑ったんじゃなくて、思い出し笑いをしただけかもしれない	怒り	10	そういえば僕だって思い出し笑いをして一人でニヤニヤすることがあるな

114

目標　「違った考えをしようシート」を使って「嫌な気持ち」を減らす方法を学ぶ。

実際に書いてみよう！

違った考えをしようシート

4月10日	場所・場面（　　　駅の構内　　　）

何があった？
　　人とすれ違うときに肩がぶつかった

あなたはどうした？　どう思った？
　　びっくりして立ち止まった。
　　謝らないなんてひどいなあ…と思った

どんな気持ち？　どれくらいの強さ？
　　気持ち：　悲しい　　（　80　％）

	違った考え	気持ち	％	感　想
考え方①	気をつけて、ちゃんと前を向いて歩いてほしい……	悲しい	85	もっと悲しくなってきた
考え方②	こんなことで悲しんでも仕方がない。我慢しよう。	悲しい	60	でもやっぱりまだ悲しい
考え方③	ひょっとして僕も不注意でぶつかったかもしれない。だったらお互いさまだ。	悲しい	30	相手にこうしてほしいと求めたら悲しいけど、自分も反省したら悲しみが減った

2　自分を知ろう

3 身体を知ろう ①

男性・女性の身体の違い

男性に特徴的なところ

（　）の中をうめましょう。

〈見える部分〉

男性の外性器（ペニス）
⇒働きを2つあげましょう。
（　尿を出す　）
（　精子を出す　）

◆特徴
- 筋肉がつき骨格もしっかりして、体つきががっちりしています。
- 手足やあご、（　陰部　）に毛が生え、個人差はありますが、濃くなる人もいます。
- 女性に比べ力が（　強く　）、重いものを持つことができます。
- ペニスは（　心理的もしくは物理的な刺激　）によって勃起します。

〈見えない部分〉

内性器（精巣）
⇒（　精子　）を作ります。

◆特徴
- （　赤ちゃん　）のもととなる精子を作ります。
- （　思春　）期になるとペニスの勃起や精子の排出がおこります。

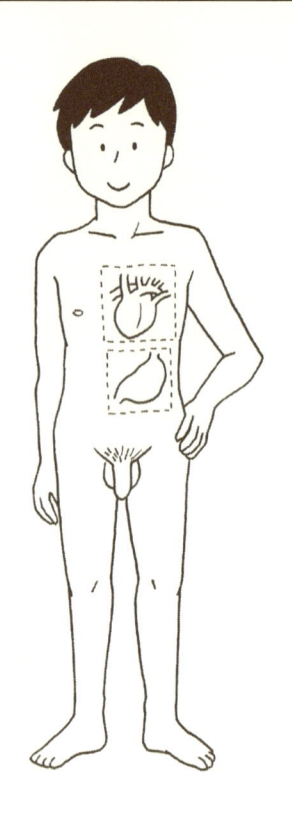

何があるかな？

男女に共通する身体

身体の部分にはすべてに名前がついており、それぞれの働きがあります。下の（　）にその働きを書きましょう。

〈見える部分〉

例：目　⇒（　ものを見る　）
手（腕）⇒（　ものを持つ　）

〈見えない部分〉

心臓　⇒（　血液を全身に送る　）
胃　　⇒（　食べ物を消化する　）

116

目標 身体の名前と働きについて学ぶ。男性と女性に特徴的な身体の部位を理解する。

ここでやること

男女の身体の働きや特徴について学びましょう。最初に男女に共通する身体の部分、次に男女の身体の違いについて学びます。まず、下の（　）に当てはまる言葉を、自分で考えてうめてみましょう。

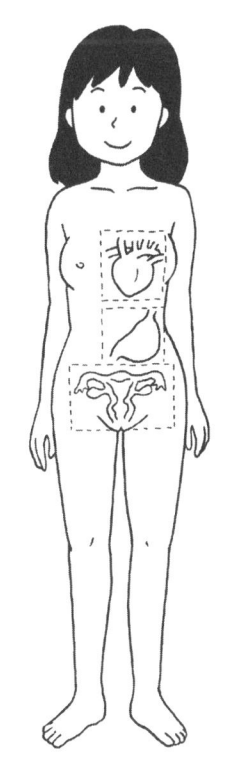

女性に特徴的なところ

（　）の中をうめましょう。

〈見える部分〉

胸
⇒赤ちゃんに（　おっぱい（母乳）　）をあげる

女性の外性器（外陰部、ちつ）
⇒（　月経血　）が出る

◆特徴
- 体つきは男性と比較して丸みをおびています。
- 毛は陰部には生えていますが、それ以外はそれほど濃くなりません。

〈見えない部分〉

内性器（子宮）
⇒働きを3つ挙げましょう。
（　月経がおこる　）
（　卵子を保つ　）
（　赤ちゃんが育つ　）

◆特徴
- 妊娠することができます。
- 子宮で約（10）か月間赤ちゃんを育てたのち、産む（出産する）ことができます。
- 妊娠・出産の準備として、思春期になると（　月経（生理）　）がおこります。

考えてみよう

自分が知っている身体の名前とその働きを下の欄に書いてみましょう。

名前	働き
脳	ものごとを考える
肺	体に酸素を取り入れる
腸	栄養を吸収する、便を作る
膀胱	尿を貯める
肝臓	エネルギーを蓄えたり出したりする　体に有害なものを分解する

わかるところから書こう

117

3 身体を知ろう ②

プライベートパーツ

まず最初に、「プライベート」と「パブリック」について整理しておきましょう。プライベートとパブリックとは、次のようなことです。

プライベートなこと	パブリックなこと
• 個人的な、個人のもの、というとらえ方をします。 • 他の人に見せたり知らせたりしなくてもよいものです。 • むやみに他人のものを知ろうとすることはよくありません。	• 社会の、一般的な、というとらえ方をします。 • 周囲の人や社会の人たちと共有してもよいものです。 • お互いに知ってもよいことや知らせてもよいものです。

- 本当に知られたくない自分だけの情報
- 特定の人（家族や親しい人）には知られてもよい情報
- 日常で関係のある人には知られてもよい情報
- 誰に知られてもよい情報

たとえば、自分の身体の部分のうち、プライベートな情報（プライベートパーツ）は、（　水着　）で覆われるところです。

（　　）は何だと思いますか？　ヒントは下の絵です。

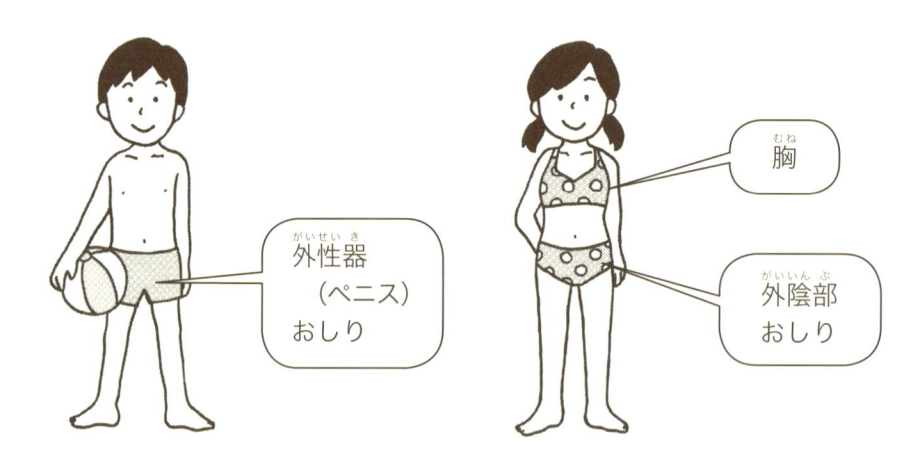

男の子：外性器（ペニス）／おしり
女の子：胸／外陰部／おしり

目標 身体のプライベートパーツとは何かを学ぶ。

> **ここでやること**
> 人の身体にはプライベートパーツという場所があります。それはどこのことでしょうか？ またどのような注意が必要でしょうか？ これらについて学びましょう。その前にプライベートとパブリックの違いについて知っておきましょう。

プライベートパーツが理解できたら、次を考えてみましょう。

あなたなら、どんなことが知られたくない？

考えてみよう ①

左下の絵に示したプライベートパーツは最小限の部分です。人によっては見られたくない部分が広い人もいます。たとえばどのような場合でしょうか？ 考えて書いてみましょう。

　　　身体に火傷のあとがある、　手術のあとがある、　毛深い

考えてみよう ②

プライベートパーツであなたが人に対して気をつけることは何だと思いますか？ 考えて書いてみましょう。

　　　他人のプライベートパーツを見ない、自分のプライベートパーツを見せない
　　　他人のプライベートパーツを触らない、自分のプライベートパーツを触らせない

チェック！

「**3. 身体を知ろう** ①男性・女性の身体の違い／②プライベートパーツ」でわかったことをチェックしてみましょう。もしわからない項目があれば再度、確認してみましょう。

- ☐ 身体の名前・働きがわかった
- ☐ 男性・女性の身体の違いがわかった
- ☐ 身体のプライベートパーツがわかった
- ☐ プライベートパーツへの注意がわかった

ひとこと感想を書いてみましょう。
（　　　　　　　　　　　　　　　　　　　　　　　　　　　　　　）

3 身体を知ろう

4 生命の誕生について学ぼう ①

生命の誕生

ここでやること　生命（赤ちゃん）はどうやって生まれるのでしょうか？ 生命が生まれることの尊さ、生命の大切さ、内性器と外性器はそんな生命を作るための大事な身体の部分であることを学びましょう。
　生命が生まれて歳をとっていく流れは、下の①から⑩の通りです。（ ）に当てはまる言葉をうめながら、生命のでき方・育ち方について学んでいきましょう。

① ある男性と女性が、お付き合いを始めました。

（ 精子 ）　（ 卵子 ）

上の２つを何と言うでしょうか？
（ ）に言葉を入れてみよう。

② 月日が経ち、仲が良くなってくると距離も近づきます。さらに親密になると、身体的な接触（性交）に及ぶこともあります。

性交により卵子と精子が
（ 受精 ）します。
（ ）に入る言葉は何でしょうか？

③ これを何と言いますか？
（ 子宮 ）

受精すると受精卵は着床し、どんどん細胞分裂を繰り返して、胎児へと変化していきます。

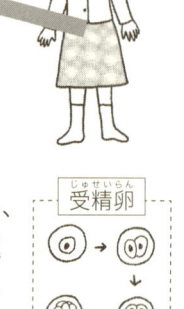

受精卵

④ 見た目にもお腹が大きくなります。

妊婦さん

胎児はお母さんのお腹の中で
（ 10 ）か月間過ごします。
（ ）はどのくらいの期間でしょうか？

胎児　→　出産

目標 どのように生命が誕生し、生まれてから大人になるまでどのように成長するかを学ぶ。

あなたの現在は？
（ 12 ）歳
身長（ 152 ）cm
体重（ 44 ）kg

4 生命の誕生について学ぼう

⑤ 新生児（誕生～1歳まで）

生まれたときはおよそ（ 3000 ）g、（ 50 ）cm。母乳を飲んで成長します。
3～4か月で首が座り、5か月頃に寝返りができるようになります。7か月頃から離乳食を開始します。
（ ）に入る数字はどのくらいでしょうか？

⑥ 乳児／幼児（～小学校入学）

5歳になると、19kg、110cmくらいになります。身体が成長し、走ったり、たくさんの言葉を覚えたり、いろんな人と関わることができるようになります。

⑦ 学童期（小学校入学～卒業）

11歳になると、（ 145 ）cm、（ 38 ）kgくらいになります。
勉強や運動をして精神的にも身体的にも成長します。大人になるための基礎的な力をつける時期です。
（ ）に入る数字はどのくらいでしょうか？

⑧ 青年期（中学～大人）

友人や仲間との交流が増え、身体的にも充実してきます。将来について考えたり、特定の異性について悩んだりすることもあります。

⑨ 成人期（大人）

仕事を始めたり、新しい家庭を作ったりする時期です。責任のある仕事をしたり、家族を養ったり、子育てをしたりします。

⑩ 高齢期（65歳～）

仕事を退職し、自分の時間を多くもてる時期です。ただし身体的な面でおとろえがみられたり、病気になりやすいなど、気をつけないといけないこともあります。

4 　生命の誕生について学ぼう ②

親の気持ち

❗ 考えてみよう ①

妊婦さんが、日常生活で大変だな……と感じることは、どんなことだと思いますか？

　　気楽に外出できない、身体が思うように動かない
　　つわりとかがつらそう……、階段とか昇るのが大変
　　病気になっても薬が飲めない
　　寝るときの姿勢に気をつけなければいけない

妊婦さん

★やってみよう　ワーク：妊婦体験をしてみましょう

下のようなリュックサックを担ぎ、日常生活の動作をしてみましょう。

〈日常動作の例〉
- 靴下をはく
- 床に座って立ち上がる
- 物をひろう
- 階段を昇る、など

水の入った２リットルのペットボトル５本と、リュックサックを準備します。そしてリュックサックの中にペットボトルを入れ、前から担いでみます。

❗ 考えてみよう ②

親は、これから産まれてくる子どもに対してどんな気持ちでしょうか？　想像して書いてみましょう。

お父さん：どんな子が産まれるかなあ

お母さん：無事に産まれてほしい

122

目標 親の気持ちが理解できるようになる。

ここでやること

親は産まれてくる子どもに、どんな気持ちをもっているかを学びます。下の 考えてみよう を読んで、問いに答えましょう。また、妊婦さん体験もしてみましょう。

4 生命の誕生について学ぼう

考えてみよう ③

親は子どもに、どんな子になってほしいと思うでしょうか？

- 元気な子になってほしい
- 優しい子になってほしい
- 幸せになってほしい

> どんな子になってほしい？

考えてみよう ④

もしあなたが親だったら、自分の子どもが将来、他人から悪いこと（暴力・性犯罪）をされたら、どんな気持ちになると思いますか？

- 暴力被害に遭う
  - にくい
  - 同じ目にあわせたい
  - 許せない
- 性被害に遭う
  - つらい
  - 殺してやりたい
  - 刑務所から一生出てくるな

考えてみよう ⑤

もしあなたが親だったら、自分の子どもが将来、他人に対して悪いこと（暴力・性犯罪）をしたら、どんな気持ちになると思いますか？

- 暴力をする
  - もっといっぱい話を聞いてやればよかった
  - つらい
  - なぜそんなことをしたのか
- 性犯罪をする
  - なんでそんなことをしたのか
  - これからどうしたらいいのか
  - どこで育て間違えたのか

チェック！

「4. 生命の誕生について学ぼう ①生命の誕生／②親の気持ち」でわかったことをチェックしてみましょう。もしわからない項目があれば再度、確認してみましょう。

- ☐ 赤ちゃんが産まれるまでの成長の様子がわかった
- ☐ 産まれてから高齢者になるまでの人間の一生がわかった
- ☐ 妊婦さんの気持ちがわかった
- ☐ 子どもに対する父親や母親の気持ちがわかった

ひとこと感想を書いてみましょう。（　　　　　　　　　　　　　　）

5 すてきな男性・すてきな女性になろう ①

二次性徴とは？

ここでやること

あなたはどのような男性・女性になりたいですか？　ここでは、これからすてきな男性・すてきな女性になるために、どうすればいいかを学びます。大人になる前に、誰もが思春期という時期を迎えます。思春期は、身体的・精神的に変化が起こることによって、大人に近づく時期だといえます。

そこでまず、思春期にはどのような変化（身体面、精神面、対人面）が起こるのかを学びましょう。

考えてみよう

思春期はどのような時期だと思いますか？　下に書いてみましょう。
（ヒント：9～10歳頃から始まり20歳頃まで続きます。）

大人と子どもの中間、毛が生える、声変わりする

（実際はこんな変化が起こります）

身体：外面	精神（こころ）：内面	周りの人との関係：社会面
・男性は身体がっちりしてヒゲや体毛が濃くなっていきます。射精が起こります。 ・女性は体つきが丸みをおびてきます。特に胸は目立って成長します。月経が起こるのが特徴的な変化です。 （これらを二次性徴といいます。）	・物事について複雑に、論理的に、深く考えることができるようになります。 ・他人からどう見られているかが気になるようになりますし、大人としての意識も芽生えてきます。 ・異性に対しても意識するようになってきます。	・身体と精神が発達することによって大人とみられるようになります。 ・それまでの子どもとしての対応から大人として対応されるようになります。 ・「大人⇒子ども」という縦の関係から「大人⇔大人」という横の関係に変化します。

思春期にはこのような変化を経験します。

まとめると、思春期は（　大人　）に近づく時期といえます。
（　）に当てはまる言葉を考えてみよう。

目標 思春期に起こる二次性徴の変化について学ぶ。

> 身体の変化のことを、**二次性徴**といいます。主な変化は下のとおりです。（　）に入る言葉を考えましょう。

起こる性別	身体の変化	対応策
男性・女性	ヒゲが生える わき毛が生える 陰毛が生える 腕や脚の毛が濃くなる	個人差があるので、毛の（ 濃さ ）や（ 太さ ）には違いがあります。また気になるかどうかにも個人差があります。 生えたままでも身体に影響はありませんが、社会的なこと（対人面、清潔面）を考慮して、必要に応じて（ そる ）などの対応をしましょう。
男性・女性	マスターベーション （性器を刺激して快感を得ることです）	個人差はありますが、快感を得たいと思うのは自然な生理的な欲求です。ただし、人前で行うことではありません。 プライベートブース（トイレやお風呂、自分の部屋など他人から見られない場所）で行います。また時間帯を選ぶのも重要です。（ 仕事中や勉強中 ）などはふさわしくないでしょう。
男性	ペニスの勃起 精通（射精）	ペニスが勃起することは、自然な生理現象です。見ために目立つことがありますので、さり気なく（ 隠す ）ようにしましょう。 精通も同じく自然な生理現象です。精液で下着を汚すこともありますので、そのときは下着を（ 手洗い ）するなどしてください。
女性	胸のふくらみ	目立つようになったら、（ 下着（ブラジャー） ）をつけたり服装に気をつけた方がよいでしょう。洋服を選ぶときは、（ 胸があきすぎていないか ）（ 透けやすいかどうか ）などに注意した方がよいでしょう。
女性	月経	周期的に出血がありますので、（ 専用の下着やパッド（ナプキン） ）を使用したり、月経の期間は色の（ 濃い ）服装にするなどがよいでしょう。 また痛みなどの身体への影響、（ イライラする ）など気持ちへの影響があることもあります。

5 すてきな男性・すてきな女性になろう

5 すてきな男性・すてきな女性になろう②

すてきとは？

> **考えてみよう 1**
>
> あなたが考えるすてきな男性、すてきな女性とはどんなイメージでしょうか？
> まず、すてきでないイメージを下の左側に、すてきなイメージを右側に、分けて書いてみましょう。

すてきでない男性・すてきでない女性

- 見ため（外見）は？
  （例えば、不潔……）
  服が汚い、だらしない
  髪の毛がボサボサ、ヒゲをそっていない

- 考え方（心のもち方）は？
  （例えば、すぐキレる……）
  自己中心的な考え方、冷たい
  相手の気持ちを考えない

- マナー（行動・ふるまい）は？
  （例えば、列に割り込み……）
  ゴミをポイ捨てする、大声で話す
  ぶつかっても謝らず立ち去る

- 社会の決まり・ルールに対しては？
  （例えば、人の物を盗る……）
  交通違反をする、税金を払わない
  人を騙してお金を盗る、人を殴る
  わいせつなことをする

どうすればすてきになる？

すてきな男性・すてきな女性

- 清潔
  清潔な服装をしている
  髪の毛をきれいにしている

- 優しくなる
  みんなのことを考える
  キレる前に冷静に考える

- お年寄りに席を譲る
  挨拶ができる
  ゴミを持ち帰る、ゴミ箱に捨てる

- 犯罪をしない
  法律を守る
  税金を払う

目標　「すてきな」大人について学ぶ。

ここでやること

すてきな男性・女性になるためには、具体的にどのようなことに気をつければよいかを、外見、考え方、マナー、社会のルールの視点から学びましょう。そして、あなたならどうするかを考えましょう。

考えてみよう ②

あなたならどこに気をつける？

では、あなたなら大人になるとき、すてきな男性・すてきな女性になるために、どんなところに気をつけますか？　下に書いてみましょう。

　　身だしなみに気をつける、人に親切にする
　　相手の気持ちを考える、社会のルールを守る
　　しっかり働く

思春期は身体と精神（こころ）や、人との関係に大きな変化がある時期です。このときは、すてきになるのにとてもよい機会です。ちょっとした自分の心がけで、すてきになれるのです。

チェック！

「5. すてきな男性・すてきな女性になろう ①二次性徴とは？／②すてきとは？」でわかったことをチェックしてみましょう。もしわからない項目があれば再度、確認してみましょう。

- □ 思春期に起こる変化がわかった
- □ 二次性徴にどう対応したらよいかがわかった
- □ すてきな男性・すてきな女性とはどんな人かがわかった
- □ すてきな男性・すてきな女性になるために、気をつけることがわかった

ひとこと感想を書いてみましょう。
（　　　　　　　　　　　　　　　　　　　　　　　　　　　　　　）

5　すてきな男性・すてきな女性になろう

5 すてきな男性・すてきな女性になろう ③

異性へのマナー（1）

> 💡 **ここでやること**　すてきな男性・女性になるためには、異性と接する際のマナーを知ることが大切です。異性との距離の取り方、異性への話しかけ方、話題、メールの送り方などについてロールプレイ（役割演技）をまじえながら練習し、異性との適切な接し方を学びましょう。
> 下の やってみよう と 考えてみよう に沿ってまず考えてみて、ロールプレイをしましょう。異性との関係は"顔見知り"程度とします。

❗ 考えてみよう

異性と接するときは、どのようにするとすてきな関わり方ができると思いますか？これまでやってきたことも思い出して、書いてみましょう。

　　相手の予定をしっかりきく、レディファーストを心がける
　　身だしなみをきちんとする、重い荷物などを持ってあげる
　　暴力をふるわない、親切にする

> ヒント：異性と接するときには、いくつかのマナーがあります。そのマナーを間違えると、嫌われたりトラブルになったりすることもあります。ここでは、マナーを中心に考えてみましょう。

★ やってみよう　ワーク1：異性との距離の取り方

近づかれる役（女性）　◀------　近づく役（男性）

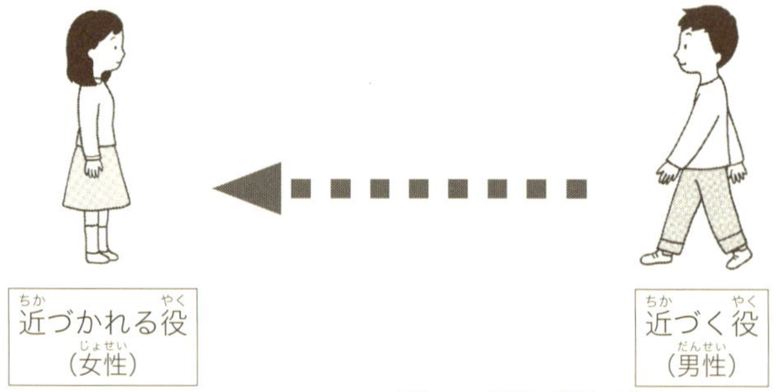

❗ 考えてみよう

異性との距離は、どのくらいがよいと思いますか？

近すぎない、遠すぎない、1 mくらい

ロールプレイ：はじめに、お互いの間を数 m あけて、近づく役の人はゆっくり近づきましょう。近づかれる役の人は、ちょうどいいと思ったところで「ストップ」と言いましょう。ストップと言われたときの位置が、その女性にとっての安心できる距離になります。

目標 異性と接するときの話しかけ方や距離の取り方をロールプレイから学ぶ。

★やってみよう　ワーク2：異性に話しかけるとき

あなたなら、どこに気をつける？

ロールプレイ：話す役と話しかけられる役を決めてやってみましょう。

話しかけられる役　話す役

考えてみよう

どのようなことに気をつけたらよいでしょうか？

今話していいか聞く、適切な距離を取る、笑顔、視線の向き、声の大きさ、名前を言う

★やってみよう　ワーク3：異性とおしゃべりするときの話題

ロールプレイ：話す役と話しかけられる役を決めてやってみましょう。

話しかけられる役　話す役

考えてみよう

どのような話題がよいでしょうか？

スポーツの話題、好きな食べ物、好きな歌手、天気、相手に合わせる

★やってみよう　ワーク4：異性へのメールの送り方

ロールプレイ：次のテーマでメールを紙に書いて、手渡しで相手（女性）と交換してみましょう。

①デートに誘うとき
②「断り」の返事がきたときの返信

考えてみよう

どのようなことに気をつけたらよいでしょうか？

メールを送る間隔を考える、丁寧語を使う、変なことを書かない

5　すてきな男性・すてきな女性になろう

5 すてきな男性・すてきな女性になろう ④

異性へのマナー（2）

考えてみよう 1

告白するとき
どのような点に気をつければよいでしょうか？

- メールではなく直接会って告白する
- 周りに人がいない静かな場所で告白する
- 早朝や深夜ではない時間に告白する
- もしよければ付き合ってくださいと、しっかりと自分の気持ちを伝える

> ヒント：告白の方法は？
> 場所は？　時間は？
> 伝える内容は？

考えてみよう 2

デートするとき
どのような点に気をつければよいでしょうか？

- 遊園地や映画館など、お互いが楽しめるようなところでデートする
- デート中に携帯電話ばかり触らない
- 朝の早すぎる時間や、夜の帰りが遅すぎるようなことは避ける
- 一度に大金を使いすぎない
- 最初だからといって無理して高級レストランに行ったりはしない

> ヒント：場所は？　時間は？
> 何をする？　予算は？

考えてみよう 3

普段の関わり
どのような点に気をつければよいでしょうか？

- 毎日会わず週に1回くらいにしておく
- 自分の興味のある話ばかりしない
- 過度に相手を束縛しない
- 勝手に相手の携帯メールを見ない
- けんかしても怒鳴ったり、殴ったりしない

> ヒント：会う頻度は？
> 会話は？　プライバシーへの配慮は？

目標 実際に異性とお付き合いをするときのマナーについて学ぶ。

ここでやること

すてきな男性・女性になるために、異性とお付き合いをするときのマナーにはどのようなものがあるでしょうか。告白から性的な関係まで順を追って学んでいきます。下の **考えてみよう** に沿って、順番に考えていきましょう。

あなたならどこに配慮しますか？

考えてみよう ④

身体的な関わり

どのような点に気をつけなければいけないでしょうか？

- 公共の場などは避ける
- 相手が嫌がったら無理やりしない
- 性交する場合には必ず避妊用具をつける
- 女性が月経のときは性交を控える

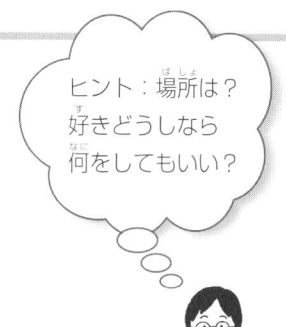

ヒント：場所は？
好きどうしなら何をしてもいい？

チェック！

「5. すてきな男性・すてきな女性になろう ③④異性へのマナー（1）（2）」でわかったことをチェックしてみましょう。もしわからない項目があれば再度、確認してみましょう。

☐ 異性と接するときに、いくつかのマナーがあることがわかった
☐ 異性と接するときの適切な距離がわかった
☐ 好きな人とお付き合いするときに、いくつかのマナーがあることがわかった
☐ 好きな人と身体的な関係をもつときのマナーがわかった

ひとこと感想を書いてみましょう。
（　　　　　　　　　　　　　　　　　　　　　　　　　　　　）

6 相手の気持ちを考えよう ①

友だちと遊んでいて

下の漫画は友だちと遊んでいる場面です。何が問題となっているのか考えてみましょう。

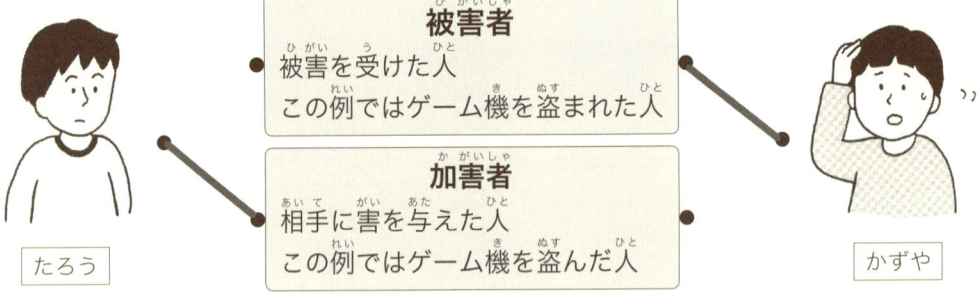

① かずや宅にて
たろう:「かずやのゲーム機、いいな ぼくも欲しいな」
かずや:「いいだろう こづかいためて買ったんだ」

②
かずや:「たろう、ちょっと待っててオヤツ買ってくるよ」
たろうは、かずやが部屋から出たすきに、自分のカバンにこっそりゲーム機を入れました。

③ 数日後、学校で
たろう:「知らないよ どこかにしまい忘れたんじゃない?」
かずや:「ねえ、たろう、ぼくのゲーム機がなくなったんだけど、知らない?」

④
かずや（心の中）:「こづかいためて買ったのに……たろうが遊びに来てからなくなったんだ……くやしい……」

被害者
・被害を受けた人
・この例ではゲーム機を盗まれた人

加害者
・相手に害を与えた人
・この例ではゲーム機を盗んだ人

たろう　　　かずや

確認:二人はどちらの立場でしょうか? 線でつなぎましょう。

目標 友だちとのトラブル場面を想定して、相手の気持ちを考えられるようになる。

ここでやること
被害者の気持ちを考えるワークに入ります。ここでは、自分の大切な物を盗られたという場面について、被害者と加害者の気持ちの違いを考えます。

考えてみよう ①

たろうのセリフ
かずやの大切な　財布　を盗んだたろうは、盗んだことがばれてしまったとき、かずやに何と言うでしょうか？（＿＿＿にはあなたの大切なものを入れましょう。）

かずや：「たろう、ぼくの大切な　財布　をとっただろ」

たろう：（セリフを入れて実際に言ってみましょう）「ボクが盗んだって言うのか？　証拠はあるのか？」

考えてみよう ②

かずやの気持ち・もしあなたなら
たろうが上のように言ったのを聞いたとき、かずやは何と言い返したいでしょうか？

かずや：（実際のセリフを考えてみましょう）「たろうは嘘をついている、あいつが犯人にきまっている、殴ってやりたい」

→ この内容を気持ちで表すと、どのような感情でしょうか？
（例：怒り、悲しみなど）

怒り

もし、あなた自身がかずやの立場だったら、何と言い返したいですか？

あなた：（セリフを入れて実際に言ってみましょう）「どうしてそんなことするの？　自分がされたらどんな気持ちになるの？　もう二度と遊ばない」

→ この内容を気持ちで表すと、どのような感情でしょうか？
（例：怒り、悲しみなど）

悲しい

6　相手の気持ちを考えよう

6　相手の気持ちを考えよう ②

女性と関わりたい場面で

> 💡 **ここでやること**　被害者の気持ちを考えるワークに入ります。ここでは、女性の後をつけて怖がらせてしまう行為について、被害者・加害者の気持ちの違いを考えます。

下の漫画は学校からの帰り道の出来事です。まさきは、はな子のことが好きです。でも何か問題となっているようです。何が問題なのかを考えながら読んでみましょう。

① ある学校からの帰り道
まさき：「あ、はな子だ」
はな子

② まさき：「はな子に話しかけたいな　でもどう言って話しかけたらいいかな」

③ 数日後
まさき：「どうしよう」
はな子：「またついてきてる」

④ またまた数日後
まさき：「ん〜、どうしよう」
はな子：「もう、いいかげんにしてほしい　やだな……」

被害者
被害を受けた人
この例では後をつけられた人

加害者
相手に害を与えた人
この例では後をつけた人

まさき　　　　　　　　　　　　　　　　はな子

確認：二人はどちらの立場でしょうか？　線でつなぎましょう。

目標 女性と関わりたいと思う場面で、相手の気持ちを考えられるようになる。

考えてみよう 1

まさきのセリフ

はな子のあとをついていったまさきは、先生から注意されたとき、どんなことを言うでしょうか？

先生：まさき、君ははな子さんの後をずっと、つけていたそうだな

まさき：（セリフを入れて実際に言ってみましょう）後をつけてないですよ。たまたま同じ方向だっただけですよ

考えてみよう 2

はな子の気持ち・もしあなたなら

まさきに上のように言われたはな子は、どんな気持ちになるでしょうか？

はな子：（実際のセリフを考えてみましょう）嘘をついてる。ずっとついてきたくせに。気持ち悪い

→ この内容を気持ちで表すと、どのような感情でしょうか？
（例：喜び、悲しみなど）
怖い

もし、あなたがはな子の彼氏（女の子の場合は母親、姉妹）だったら、何と言いたいですか？

あなた：（セリフを入れて実際に言ってみましょう）はな子が怖がっているだろう！いいかげんにやめろよ

→ この内容を気持ちで表すと、どのような感情でしょうか？
（例：喜び、悲しみなど）
怒り

このような場面では、まさきはどのような行動をとったらよかったでしょうか？

- 学校帰りの場面
  マナーを守って話しかけてみる。好きでも後をつけたりしない、など
- 先生から注意された場面
  言い訳をせずに正直に先生に話して、相談してみる、など

6 相手の気持ちを考えよう

6　相手の気持ちを考えよう ③

性の問題行動の場面で

下の漫画は性の問題行動の場面です。何が問題なのかを考えながら読んでみましょう。

① 近所の公園にて
- あ、ともみちゃんだ
- 同じ町内でよく知ってる子だ（たけし）

②
- ちょっとこっちきて遊ぼう。楽しいよ
- あっ、たけしくんいいよ（ともみ）

③
- ねえ、ともみちゃん、ちょっとパンツ脱いでくれる？

④
- ともみちゃん、トイレでのことは誰にも内緒だよ
- うん……

確認：たけしとともみは、どちらが被害者でどちらが加害者でしょうか？

　　　たけし（　加害者　）　　　ともみ（　被害者　）

考えてみよう 1

たけしのセリフ

ともみちゃんが先生に、たけしから触られたと言いました。たけしは先生に聞かれたとき、どう言うでしょうか？　たけしになって言い訳をしてみてください。

- 先生：たけし君、ともみちゃんをトイレで触っただろ
- たけし：（セリフを入れて実際に言ってみましょう）そんなことしてませんよ。ともみが嘘をついています。ともみから誘ってきたんです

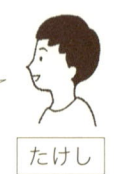

136

| 目標 | 性の問題行動に及んだ場面を想定して相手の気持ちを理解する。 |

> **ここでやること** 被害者の気持ちを考えるワークです。ここでは、性の問題行動について被害者・加害者の気持ちの違いを考えます。

ともみや、ともみの両親になりきって考えよう

考えてみよう 2

ともみの気持ち・もしあなたなら

- たけしに左下のようなことを言われたともみは、たけしに何と言いたいでしょうか？

- もしあなたがともみの両親だったら、たけしに何と言いたいでしょうか？

（セリフを入れて実際に言ってみましょう）
嘘だ！ 楽しいことって言うからついて行ったのに、パンツを脱がすなんてとっても怖かった
〔ともみ〕

（セリフを入れて実際に言ってみましょう）
刑務所とかに入れてほしい
一生出さないでほしい
〔ともみの両親〕

このような場面では、たけしはどのような行動をとったらよかったでしょうか？
- 公園での場面
　　公園から離れる、話しかけない、話しかけても二人きりにならない、など
- 先生から聞かれた場面
　　言い訳をせずに正直に先生に話して、相談してみる、など

チェック！

「**6．相手の立場を考える** ①友だちと遊んでいて／②女性と関わりたい場面で／③性の問題行動の場面で」でわかったことをチェックしてみましょう。もしわからない項目があれば再度、確認してみましょう。

- ☐ 加害者と被害者の立場の違いがわかった
- ☐ 被害者本人の気持ちがわかった
- ☐ 被害者に関係する人（家族や彼氏など）の気持ちがわかった
- ☐ 加害者にならないための正しい行動がわかった

ひとこと感想を書いてみましょう。
（　　　　　　　　　　　　　　　　　　　　　　　　　　　　　　　　　　　）

6 相手の気持ちを考えよう

7 あなたの性への考え方は？

> この線の上に
> ○をつけよう

①男と女、生まれ変わるとしたらどちらがいいでしょうか？

```
100％─────────────0％─────────────100％
 ○
 男                                    女
```

理由は？
　　　男の方が力が強いから。

②深夜の暗い夜道を、ミニスカートをはいた女性が一人で歩いていたとき、その女性が性被害にあいました。その女性は悪いでしょうか？

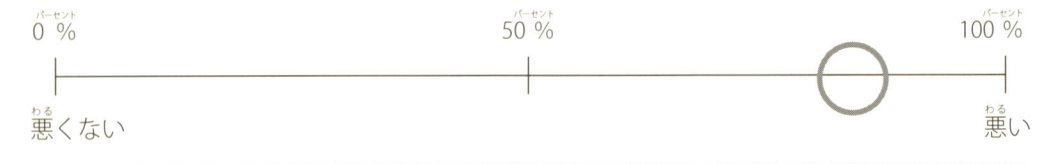

```
0％─────────────50％────────○──100％
悪くない                              悪い
```

理由は？
　　　ミニスカートをはいているのは、襲ってくださいって言っているから。
　　　でも襲った男も少し悪いので。

③男性が女性をナンパしました。それについて行った女性は、性的な行為を望んでいるでしょうか？

```
0％─────────────50％─────────────100％○
望んでいない                          望んでいる
```

理由は？
　　　望んでいなかったらついて行かないから。

目標 性についての自分の考え方に気づく。

> **ここでやること**
> 下に質問が6つあります。あなたはどう思いますか？ どのくらいそう思うかを％で考えて、線上に○をつけましょう。そしてその理由も書きましょう。
> できればグループの中で、その理由について他の人の意見を聞いてみましょう。それによって○の位置が変わったなら、その理由も考えてみましょう。

④ 20歳の時に性被害にあった女性は、80歳になったら、そのことをもう忘れているでしょうか？

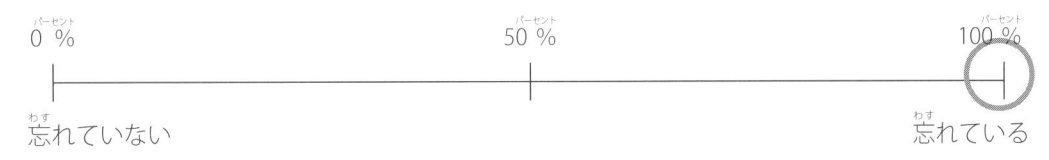

```
0％ ————————— 50％ ————————— 100％○
忘れていない                          忘れている
```

理由は？
30歳くらいまでだったら覚えてるけど、さすがに80歳では忘れていると思うから。

⑤ 下着を盗まれるのと痴漢にあうのとでは、どちらの方が心に傷がつくでしょうか？

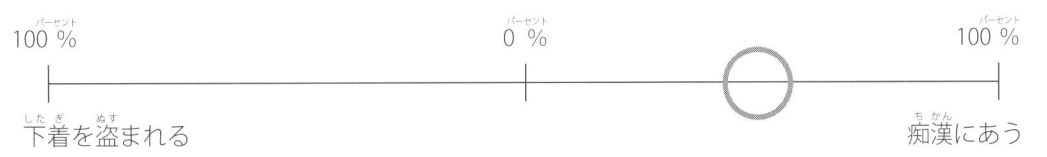

```
100％ ————————— 0％ ————————○— 100％
下着を盗まれる                          痴漢にあう
```

理由は？
痴漢は直接触られるから。下着はせっかく買ったのに悔しいから。

⑥ 女性を襲うことを想像するだけなら、実際には襲っていないので問題はないでしょうか？

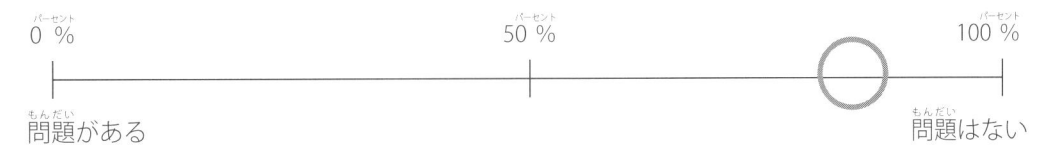

```
0％ ————————— 50％ —————————○ 100％
問題がある                          問題はない
```

理由は？
実際にはやっていないから。でもそれがきっかけになるかもしれないから、20％はだめと思うから。

7 あなたの性への考え方は？

8 なぜ性の問題行動を起こしたのかを考えよう

> **ここでやること**
> あなたが性の問題行動を起こしてしまった理由について考えていきます。まずA君とB君の例を下に示します。あなたはどうだったでしょうか？ 思い出して、右の枠の中に書いてみましょう。難しければ「人生山あり谷ありマップ」（18ページ）を参考にしましょう。書いたら先生に見てもらいましょう。そして先生に、質問を右のふきだしの中に書いてもらい、その質問についてもう一度考えて、枠の中を書き直して完成させましょう。

A君の場合

- 部活動を頑張っていたけどなかなかうまくならなかった。部活動を辞めたかったが、親は許してくれなかった。

↓

- 勉強もできなかったので塾に行っていたが、成績は悪かった。親から「お前は何もできないな」と言われイライラしていた。

↓

- 何かストレスを発散できることが欲しかったけど、友だちがいなかったので、遊びに行ったりすることもなかった。

↓

- 地元で祭りがあったので、一人で出かけて行った。たくさんの人の中に、好みの女性を見つけた。触ってみたいと思った。

↓

- 人ごみにまぎれて、その女性の下半身を触った。とても気持ちがスーッとして、ストレスを発散できた。

B君の場合

- 女の子に興味があったけど、自信がなくて話しかけられなかった。

↓

- 学校の勉強がわからなくて、学校が面白くなかった。家でゲームばっかりしていて、親からいつも怒られていた。

↓

- 何かしたくなってきたので、家でエッチなビデオを見た。女の子を触ったらどんな反応を示すか、確かめたくなった。

↓

- 駅の近くで好みの子を見つけたので後をつけていった。その女の子が人のいない道に入っていったのでバレないと思った。

↓

- 後ろから触って走って逃げた。そしたら、キャーという声を出したので、それを見て、またやりたくなった。

性の問題行動

目標 性の問題行動に至った理由を理解する。

「人生山あり谷ありマップ」も参考にしよう

あなたの場合

先生からの質問

学校で毎日のようにイジメにあってきた。ずっと我慢していたが、学校に行くのがいやになった。

→ どんなイジメにあった？誰も止めてくれなかった？

↓

親に相談したら、「男だったらそんなことくらいで学校を休むな」と言われた。誰にも相談できずにストレスがたまってきた。

→ 学校の先生には相談できなかった？

↓

学校から帰って外に出かけたとき、公園に近所の知っている女の子がいた。何かストレス発散をしたくなってきた。

→ どうして女の子を見たらストレスを発散したくなった？

↓

その女の子を公園のトイレに連れていって、触ったら、イライラした気持ちがマシになった。

→ 相手は嫌がらなかった？

↓

この子はおとなしい子だから、触ってもばれないと思ったので、別の日も、何回かトイレに連れていって触った。

→ 女の子に、言わないように口止めした？

性の問題行動

8 なぜ性の問題行動を起こしたのかを考えよう

9 性の問題行動を止めよう ①

対処法と性のルール

8（49ページ）で、なぜ性の問題行動を起こしたのかを考えてもらいました。今度は、同じようなことがあった場合に、あなたはどうしたらいいかを考えて、次（52ページ）の「②あなたができる方法」の対処法の欄に書きましょう。まず下にB君の対処法の例を示します。

B君の場合

- 女の子に興味があったけど、自信がなくて話しかけられなかった。

  ↓

- 学校の勉強がわからなくて、学校が面白くなかった。家でゲームばっかりしていて親からいつも怒られていた。

  ↓

- 何かしたくなってきたので、家でエッチなビデオを見た。女の子を触ったらどんな反応を示すか確かめたくなった。

  ↓

- 駅の近くで好みの子を見つけたので後をつけていった。その女の子が人のいない道に入っていったのでバレないと思った。

  ↓

- 後ろから触って走って逃げた。そしたら、キャーという声を出したので、それを見て、またやりたくなった。

  → **性の問題行動**

B君の場合の対処法

- 女の子に嫌われないよう、身だしなみ、マナー、笑顔などに気をつける
- 友だちに女の子を紹介してもらう

- 体を動かして（スポーツ）ストレスを発散する
- 友だちに勉強を教えてもらう

- 出歩かないで家にいる
- エッチなビデオを処分する
- 被害者の気持ちを考える

- 女の子から離れる
- 触ったら、また施設（児童自立支援施設、少年院など）に入れられることを想像する

142

目標 性の問題行動を止める方法と性のルールを考える。

> **ここでやること** 性の問題行動を止める対処方法について考えます。8（49ページ）で作成した性の問題行動に至った理由のシートをもとに、各段階で具体的にどう対処すればよいか考えましょう。先生の意見も参考にしながら左下のような対処シートを完成させます。また性に関する法律やルールも確認しておきます。

ここで、性に関する法律・ルールを確認しておきましょう。

＜性のルールを確認して、次につなげよう＞

性に関するクイズ

下の問いの答えを考えて、YES か NO に○をつけましょう。

1. 小学生の女の子が「好きだから触ってもいいよ」って言ってくれれば、同意があったことになるので触ってもよい。
    YES　　　（NO）

2. 手を握るだけならわいせつにならないので、A君は好みの女性に握手をお願いした。しかしその女性は嫌がったので、A君は無理やり握手した。A君に問題はない。
    YES　　　（NO）

3. A君は好きな人の家を知りたかったので、後をつけて家を確かめた。A君は直接触ったりしていないので悪くない。
    YES　　　（NO）

4. A君は20歳で、B子さんは17歳です。女の子は16歳から結婚できるので、B子さんのことが好きでなくても、B子さんの同意があればA君はB子さんに性的行為をしてもよい。
    YES　　　（NO）

5. A君はC君から、子どもの陰部が写っているエッチな写真をもらった。A君は性的な興味があるので持っているが、誰かに見せたりしなければ問題はない。
    YES　　　（NO）

6. A君は、嫌がるB子さんを公園のトイレに呼んで、自分の陰部を見せた。しかしB子さんは少し恥ずかしそうな顔をしていただけで、それほど嫌そうでなかったのでA君は問題ない。
    YES　　　（NO）

7. A君が同級生で特別支援学級のB子さんの胸を見ていたら、B子さんが「胸を触ってもいいよ」と言ってきたのでA君は触った。B子さんがいいって言ったのだからA君は問題ない。
    YES　　　（NO）

9 性の問題行動を止めよう

9 性の問題行動を止めよう ②

あなたができる方法

> ここには 8（49ページ）で作ったものを書き写します

あなたの対処法

学校で毎日のようにイジメにあってきた。ずっと我慢していたが、**誰も止めてくれず**学校に行くのがいやになった。

→ 我慢する

親に相談したら、「男だったらそんなことくらいで学校を休むな」と言われた。**先生**にも相談できずにストレスがたまってきた。

→ ストレスを発散するために何かする

学校から帰って外に出かけたとき、公園に近所の知っている女の子がいた。何かストレス発散をしたくなってきた。**自分より弱い相手**が欲しかった。

→ 触ろうとする考え方をやめる

その女の子を公園のトイレに連れていって、触ったら、イライラした気持ちがマシになった。**相手は黙っていたので嫌がってない**と思った。

→ バレなきゃいいという考えをやめる

この子はおとなしい子だから、触ってもばれないと思ったので、別の日も、何回かトイレに連れていって触った。**女の子には誰にも言わないでね**と口止めした。

→ **性の問題行動**

目標 性の問題行動を止める自分に合った対処の方法について学ぶ。

💡 ここでやること

一番左の欄には、8（49ページ）で作成した「性の問題行動に至った理由」を写しましょう。そして次に、今後あなたに性の問題行動を起こしそうな同じようなきっかけがあった場合、どうしたらよいかを考えて、右の対処法の欄に書きましょう。そして先生に質問を書いてもらい、もう一度書き直してみましょう。

先生からの質問　　　　　　本当にこれで大丈夫ですか？　　　　あなたの対処法
（先生の質問への答え）

先生からの質問	あなたの対処法
これからも本当に我慢できますか？先生に相談をしてみましたか？	学校の先生に相談してみる　他に相談できる人を探す
具体的に発散できる方法はありますか？	スポーツをする、好きな趣味をする　音楽を聴く、漫画を読む、絵を描く
具体的にはどうやってその考え方をやめますか？	被害者の気持ちを考える　女の子を見たらその場から立ち去る
それだけで十分ですか？	バレなくてもダメだと思いだす　自分が逮捕される場面を想像する　自分が少年院や刑務所に入る姿を想像する

9　性の問題行動を止めよう

10　新しい自分になろう

最初に考えた個別目標は達成できたでしょうか？　○をつけましょう。

　　　できた　　(まあまあできた)　　あまりできなかった　　できなかった

理由は？

　　被害者の気持ちがわかった。
　　感情もかなりコントロールできるようになった。
　　女性とうまく話すコツがわかったのでやってみたいと思う。

このワークを通して学んだこと、感想など何でもいいので書いてみましょう。

　　とても楽しかった。また参加したいです。
　　とても役に立ちました。もう二度と性的なことはしないと思います。

目標 ワークを通して自分がどう変わったかを確認する。

ここでやること ワークブックの最初に立てた個別目標が達成できたかを考え、できなかったならその理由も考えます。また全体を通しての感想や、2②（21ページ）で書いた自分が今はどう変わったかを確認します。

> ワークの最初に書いたものと比較してみよう！

次の質問をもう一度考えて、最初とどう変わったのか比べてみましょう。

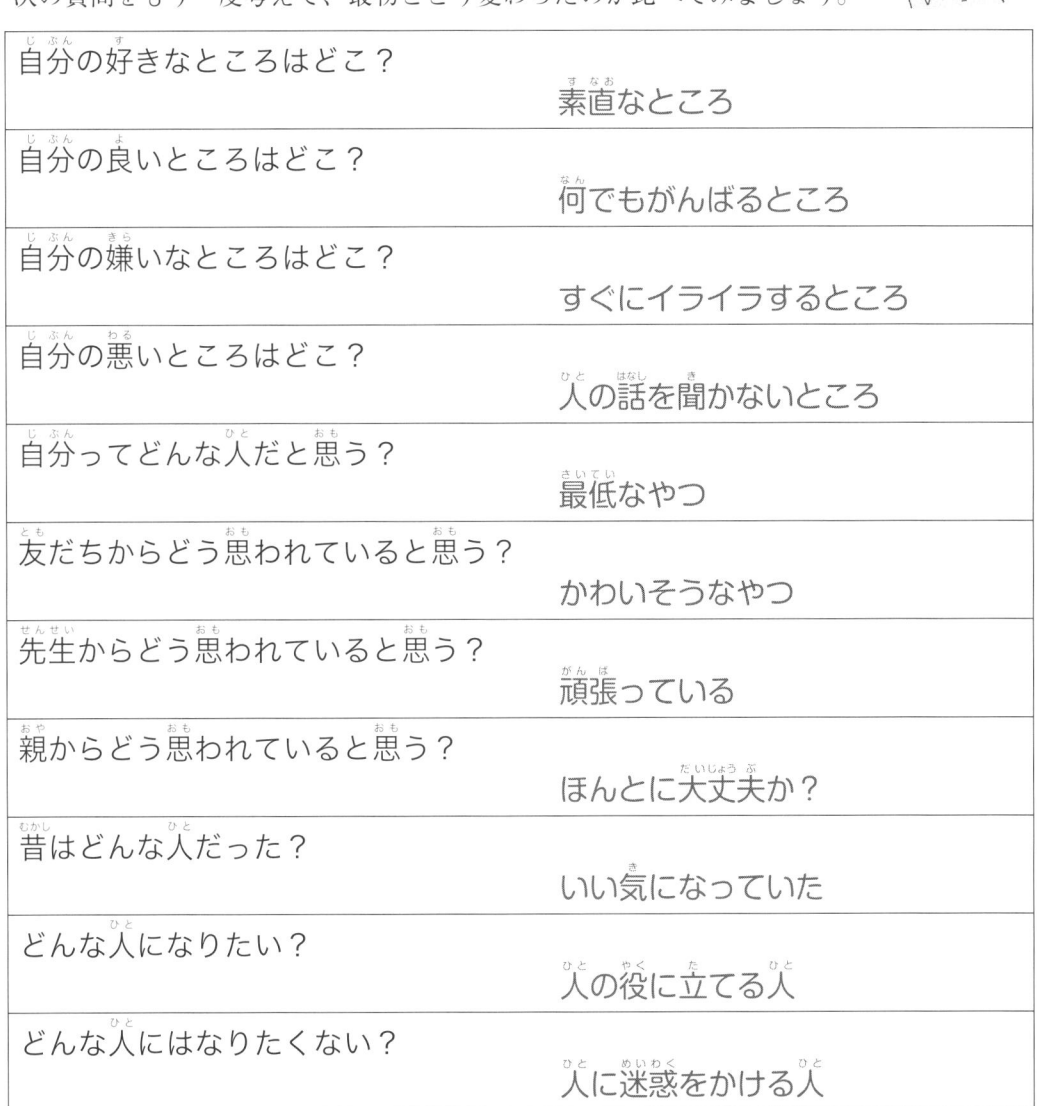

自分の好きなところはどこ？	素直なところ
自分の良いところはどこ？	何でもがんばるところ
自分の嫌いなところはどこ？	すぐにイライラするところ
自分の悪いところはどこ？	人の話を聞かないところ
自分ってどんな人だと思う？	最低なやつ
友だちからどう思われていると思う？	かわいそうなやつ
先生からどう思われていると思う？	頑張っている
親からどう思われていると思う？	ほんとに大丈夫か？
昔はどんな人だった？	いい気になっていた
どんな人になりたい？	人の役に立てる人
どんな人にはなりたくない？	人に迷惑をかける人

10 新しい自分になろう

附録　脳を鍛えよう

> **ここでやること**　下に並ぶ記号の中で、チェック記号（下の例では△）の数を左から順番に数えながら、できるだけ早くチェック記号に✓印をつけましょう。ただし、そのチェック記号の左側にストップ記号（例では○）がある場合は、チェック記号を数えず✓印もつけません。数え終わったら、下の（　）に数を記入して終了です。
>
> 　時間を計りながら、できるだけ早く正確にできるように頑張りましょう。終わったら先生から正しい数を聞き、違っていたらどこを間違えたか確かめましょう。チェック記号とストップ記号の種類は、先生が毎回変えます。

〈例〉

チェック記号：　△　　　　ストップ記号：　○

チェック記号：　△　は　（　26　）個

目標 素早く正しい判断ができる力をつける。

> 目標時間を立てて正確に数え、最高タイムを更新できるよう頑張りましょう

これまでの最高タイム	目標タイム	今回のタイム
1 分 30 秒	1 分 10 秒	分 55 秒

チェック記号： ☆　　　　ストップ記号： □

☆◇○○☆◇○○◎△□◎△□☆◇○◎△□
◎△□○◎☆◇☆◇△□◇○◎△□☆
△□☆◇○△□☆◇○◎△□◇◎△□
□☆◇○◎☆◇○△□☆◇△□☆◇◎
○◎△□☆◇○△□☆◇○◎△☆○□
☆◇○◎△□△☆◇○◎△□◎△□☆
△□☆◇○☆□○◇◎△□◎△□○☆
◇△□△○◎△○△☆◇◎○□◇○○
◇○◎△□◇☆◇△□☆◇◎△☆◇
◎□◇☆○◎☆◇○○◎□△□☆◇□
△□☆◇○△☆◇○□☆◎△◇◇○◎△

チェック記号： ☆ は （ 17 ）個

附録　脳を鍛えよう

著者紹介

宮口　幸治（みやぐち・こうじ）

立命館大学産業社会学部・大学院人間科学研究科教授。医学博士、日本精神神経学会専門医、子どものこころ専門医、臨床心理士、公認心理師。京都大学工学部卒業、建設コンサルタント会社勤務の後、神戸大学医学部医学科卒業。大阪府立精神医療センターなどを勤務の後、法務省宮川医療少年院、交野女子学院医務課長を経て、2016年より現職。児童精神科医として、困っている子どもたちの支援を教育・医療・心理・福祉の観点で行う「（一社）日本COG-TR学会」代表理事。全国で教員等に研修を行っている。
著書に『教室の「困っている子ども」を支える7つの手がかり』『教室の困っている発達障害をもつ子どもの理解と認知的アプローチ』『NGから学ぶ 本気の伝え方』『感情をうまくコントロールするためのワークブック』『対人マナーを身につけるためのワークブック』（以上、明石書店）、『コグトレ みる・きく・想像するための認知機能強化トレーニング』（三輪書店）、『1日5分！教室で使えるコグトレ』『学校でできる！性の問題行動へのケア』（以上、東洋館出版社）、『ケーキの切れない非行少年たち』『どうしても頑張れない人たち』（新潮社）などがある。

川上　ちひろ（かわかみ・ちひろ）

養護教諭として岐阜県の公立小中学校に勤務の後、2001年退職。岐阜大学医学部看護学科で保健師・看護師の資格を取得。名古屋大学大学院医学系研究科健康社会医学専攻（健康増進医学講座 精神健康医学分野）博士課程修了。現職は、岐阜大学医学教育開発研究センター併任講師。専門領域は、発達障害児者への性教育、医療者教育（多職種教育、コミュニケーションなど）等。
著書に、「思春期の自閉症スペクトラム障害男児の性行動――性行動の特徴および性と関係性の教育プログラム」（分担執筆『思春期以降の理解と支援』〈発達障害の臨床的理解と支援4〉金子書房、2010年）、「発達障害児者の家族支援ニーズの実態と課題」（分担執筆『発達障害者支援の現状と未来図――早期発見・早期療育から就労・地域生活支援まで』中央法規出版、2010年）、「異性ともうまくつきあえる――対PDD男児の対異性行動の問題点と援助」（分担執筆『特別支援教育 実践のコツ――発達障害のある子どもの〈苦手〉を〈得意〉にする』金子書房、2011年）、『自閉スペクトラム症のある子への性と関係性の教育――具体的なケースから考える思春期の支援』（単著、金子書房、2015年）、『学校でできる！性の問題行動へのケア』（共著、東洋館出版社、2019年）、『発達障害のある女の子・女性の支援――「自分らしく生きる」ための「からだ・こころ・関係性」のサポート』（編著、金子書房、2019年）などがある。

性の問題行動をもつ子どものためのワークブック
発達障害・知的障害のある児童・青年の理解と支援

2015年4月25日　初版第1刷発行
2021年9月10日　初版第8刷発行

著　者　　宮口幸治
　　　　　川上ちひろ
発行者　　大江道雅
発行所　　株式会社　明石書店
〒101-0021 東京都千代田区外神田6-9-5
　　　　　電話　03-5818-1171
　　　　　FAX　03-5818-1174
　　　　　振替　00100-7-24505
　　　　　https://www.akashi.co.jp/
カバー・本文イラスト　今井ちひろ
装丁　　　明石書店デザイン室
印刷　　　株式会社文化カラー印刷
製本　　　協栄製本株式会社

定価はカバーに記してあります。　　　　ISBN 978-4-7503-4187-3

JCOPY〈出版者著作権管理機構　委託出版物〉
本書の無断複製は著作権法上での例外を除き禁じられています。複製される場合は、そのつど事前に、出版者著作権管理機構（電話 03-5244-5088、FAX 03-5244-5089、e-mail: info@jcopy.or.jp）の許諾を得てください。

教室の困っている発達障害をもつ子どもの理解と認知的アプローチ
——非行少年の支援から学ぶ学校支援

宮口幸治 著

B5判／並製／120頁 ◎1800円

長く医療少年院で矯正教育に関わってきた著者は、そこで出会う少年少女と学校現場で様々な困難を抱える子どもたちに共通の特徴、課題を発見する。医療少年院で実践し効果が得られた視点を通して教室で困っている子どもたちへの支援のヒントを解説。

●内容構成●

Part 1
障害をもった非行少年の特徴と学校で困っている子どもの背景
1. 何が問題になっていたのか
2. 認知機能の弱さ
3. 感情統制の弱さ
4. 融通の利かなさ
5. 不適切な自己評価
6. 対人スキルの乏しさ
7. 身体的不器用さ
8. 性の問題行動
9. 生育環境の問題と支援者の誤解

Part 2
具体的支援と学校教育との連携
1. 非行少年たちが変わるとき
2. 社会面への支援
3. 学習面への支援
4. 身体面への支援
5. 家庭への支援
6. 支援者支援

感情をうまくコントロールするためのワークブック
学校では教えてくれない 困っている子どもを支える認知機能トレーニング 自分でできるコグトレ①
宮口幸治著 ◎1800円

対人マナーを身につけるためのワークブック
学校では教えてくれない 困っている子どもを支える認知機能トレーニング 自分でできるコグトレ⑤
宮口幸治著 ◎1800円

NGから学ぶ 本気の伝え方
あなたも子どものやる気を引き出せる！
宮口幸治、田中繁富著 ◎1400円

教室の「困っている子ども」を支える7つの手がかり
この子はどこでつまずいているのか？
宮口幸治、松浦直己著 ◎1300円

知的障害者のための16ステップ[第2版]
「フットプリント」心理教育ワークブック
クリシャン・ハンセン、ティモシー・カーン著 本多隆司、伊庭千惠監訳 ◎2600円

性問題行動のある知的・発達障害児者の支援ガイド
性暴力被害とわたしの被害を理解するワークブック
本多隆司、伊庭千惠著 ◎2200円

子どもの性的問題行動に対する治療介入
保護者と取り組むバウンダリー・プロジェクトによる支援の実際
エリアナ・ギル、ジェニファー・ショウ著 高岸幸弘監訳 ◎2700円

イラスト版 子どもの性的問題行動
ボニー・マシューズほか著 ドーン・ヒューブナーほか絵 井出智博、上村宏樹訳

子どもの認知行動療法[全10巻]
上田勢子訳 ◎各巻1500円

〈価格は本体価格です〉